COLLECTION POÉSIE

RENÉ CHAR

Fureur et mystère

PRÉFACE DE
YVES BERGER

GALLIMARD

Fureur et mystère *(Fureur contre quoi? Mystère de quoi?) rassemble une part importante des poèmes que René Char écrivit entre 1938 et 1947 et dont beaucoup ont fait l'objet d'une publication en recueil* [1]. *Quelque dix ans, donc, ce qui n'est pas rien : nous avons affaire à une somme poétique, ici, qui doit permettre à chacun de connaître le poète par de nombreuses pièces et, puisqu'elles s'étendent sur dix ans, de le suivre (le surprendre) dans la diversité de ses thèmes, ses sujets, son art et de décider si son inspiration et son expression, au fil du temps, ont changé ou, au contraire, posent leurs beautés dans le piétinement, le ressassement, la reprise...*

Des poèmes de « Seuls demeurent », qui ouvrent Fureur et mystère, *à ceux de « La Fontaine narrative », qui le ferment, et à travers « Feuillets d'Hypnos », les formes sont les mêmes : le poème en prose, grand ou petit ; la prose axiomatique (ou aphoristique) ; le verset, la strophe ; le poème, assonancé ou non, divisé en strophes de valeur quantitative inégale ; le distique, le tercet, le quatrain libres ; la ligne*

---

1. *Seuls demeurent* (1945) ; *Feuillets d'Hypnos* (1946) ; *Le Poème pulvérisé* (1947).

inégale, à valeur graphique. Presque toujours, l'éclair ou le grand souffle. Une exception : « Feuillets d'Hypnos », que René Char, modeste, appelle des « notes ». Il les prit entre 1943 et 1944 alors que, résistant sous le nom de capitaine Alexandre, il se battait. Avec ce recueil, rien qui ne relève d'une oppressante poésie, mais rien qui soit poème. Aucun vers. Sans doute devons-nous entendre que, dans le danger, la mort quotidienne, le poète n'a plus temps et liberté de composer, grouper — distribuer ses blancs. Mais les « Feuillets d'Hypnos » ne sont une exception qu'à ce titre, purement formel. Ce qui frappe, ici, dans ces pages pleines de bruit et de fureur, c'est que René Char, malgré la provocation de l'occupant, n'est guère plus en état d'insurrection que dans « Seuls demeurent » des années avant ou, des années plus tard la guerre finie, dans « La Fontaine narrative ». Ce poète tendre et douloureux, sans patience et coléreux, dont le cœur en souci saigne et tremble pour le présent, le devenir de l'homme, dont il énonce la grandeur, dénonce et fustige la petitesse, ce poète est la proie d'une vision noire du monde, où la guerre avec ses ravages, ses infamies, ajoute peu. Il se décrit, dans « Feuillets d'Hypnos », au cours d'une embuscade, un colt à la main. Il l'a toujours eu. L'univers de René Char, entre des repos qui sont des louanges apaisées, extasiées sur les êtres, les bêtes, les choses, est celui de l'Apocalypse. Le vocabulaire, les images en donnent la preuve.

On verra, plus loin, comment les poèmes de Fureur et mystère méritent le premier mot du titre : Fureur (Le Mystère serait celui de la poésie, que René Char est inlassable à interroger et sans doute aussi le mystère de l'obstination mauvaise des hommes à ne pas se défaire de la part de nuit, de crimes en eux, à l'aggraver, au contraire — alors que la grâce et l'aptitude à la lumière baignent la moitié, au moins, de leur nature). Ce qui importe c'est, pour commencer, à travers quelque cent poèmes et par le biais de cinq ou sept exemples entre cinquante que l'on pourrait donner, évidents, aveuglants, de se faire une idée de René Char : ses visions d'Apocalypse, par la suite, surprendront moins — le confirmeront à nos yeux. Aux lecteurs de Fureur et mystère est réservée la découverte d'un vocabulaire qui dessine le portrait d'un homme (un poète) volontaire, énergique, tendu d'impatience, frémissant, à la force considérable et animale. Rien ne le provoque plus que l'immobilité (c'est-à-dire : l'acceptation, le statu quo, la résignation). Ainsi s'expliquent ce vocabulaire, ces images de mouvement. Le mouvement : non pas souple, insinuant. Mais rapide, fort, violent, voire brutal. Exemple : « Qu'il sente s'élancer dans son corps l'électricité du voyage ». Dans le même recueil : « L'Entente a jailli de tes épaules ». Puis : « ... Ils précédaient le pays de leur avenir qui ne contenait encore que la flèche de leur bouche... ». La terre, ailleurs : « s'éjecte de ses parenthèses illettrées ». Le poète prononce ce vœu pour lui, pour nous : « Être du bond. N'être pas du festin, son épilogue ». Dans « Le poème pulvérisé » : « ... J'ai levé la loi, j'ai franchi la morale, j'ai maillé le cœur... ». Il est question aussi «... du voyage de l'énergie de l'univers ». Sept exemples, sept preuves, entre cinquante.

Une grande impatience. De la stupeur, de l'effroi, de l'exaspération à constater que les hommes, malgré les mises en garde du sage et du poète, vont leur train aveugle et dévastateur. D'où ce colt métaphorique. Également, de l'énergie à revendre (à donner, à partager). Et qui s'ébroue aux spectacles du monde : celui des choses sur la terre et au ciel, celui des hommes sur la terre. Qui en rajoute, aussi : par tempérament, René Char est fait pour les images paroxystiques, les tableaux de sang et brûlants, l'affrontement des couleurs ennemies, les paysages mégalithiques, les volcans

7

*en éruption, les fresques de carnage, le crime individuel, le
génocide, les visages et les corps tourmentés, la générale
hostilité, tout un Moyen Age de la souffrance et de l'homicide —
le contraire de l'Isle-sur-Sorgue la douce, la calme, la plate,
avec ses vergers, sa rivière, ses tomates et ses asperges où,
par goût de l'anecdote, on voudrait enfermer, avec le poète,
son œuvre :*

Les preuves foisonnent en exemples, ici de même :

« La boue *enflammée* de la forge »

La mince nuit de métal *éclate*

« Que le jour te maintienne sur l'enclume de sa
fureur blanche ! »

Les « eaux » sont « *cousues de vieux crimes* » et de « *verte
foudre* »

Dans « l'an du vent où *guerroie* un vieux nuage »...

Le poète s' « appuie un moment sur la *pelle du
déluge* » et ses « sueurs *d'agneau noir* provoquent le
sarcasme »

Louis Curel de la Sorgue : « *La crémaillère du supplice en
collier à ton cou* »

« Anneau tard venu, enclavé *dans la chevalerie
pythienne saturée de feu et de vieillesse...* »

Le sang des enfants est « *martyrisé* » et le poète :
« Le ciel dont vous disiez le duvet, la Femme dont
vous trahissiez le désir, *la foudre les a glacés.*
Châtiments ! Châtiments ! »

« J'ai *répliqué aux coups*. On *tuait* de si près que le
monde s'est voulu meilleur. Brumaire de mon
âme jamais escaladée, *qui fait feu dans la bergerie
déserte ?* »

« *La pyramide des martyrs* obsède la terre »

« *Comète tuée net*, tu auras barré *sanglant* la nuit de ton
   époque »

« Je suis aujourd'hui pareil *à un chien enragé enchaîné*
   à un arbre... »

« ... L'homme au teint de *mouchard tuméfiait* partout
   la beauté bien aimée. Vieux sang voûté... »

                              « ... Les jours grandissent,
Plus avides, plus imprenables que les nuages
        qui *se déchirent au fond des os.* »

   *Et la suite, probante, de cette même encre convulsée,
splendide.*

   *Non pas que René Char, faut-il le dire, soit tout entier
dans ses visions d'Apocalypse, dans cette illustration et
dénonciation de la terreur. Justement, la contre-terreur :*
« *La contre-terreur c'est ce vallon que peu à peu le brouillard
comble, c'est le fugace bruissement des feuilles comme un
essaim de fusées engourdies, c'est cette pesanteur bien répartie,
c'est cette circulation ouatée d'animaux et d'insectes tirant
mille traits sur l'écorce tendre de la nuit, c'est cette graine
de luzerne sur la fossette d'un visage caressé, c'est cet incendie
de la lune qui ne sera jamais un incendie, c'est un lendemain
minuscule dont les intentions nous sont inconnues, c'est un
buste aux couleurs vives qui s'est plié en souriant, c'est l'ombre,
à quelques pas, d'un bref compagnon accroupi qui pense que le
cuir de sa ceinture va céder... Qu'importent alors l'heure et le
lieu où le diable nous a fixé rendez-vous !* » *C'est le Comtat
Venaissin, ses vieilles maisons, Sorgues, le Ventoux, les
hommes à l'image du cœur de Louis Curel, les allitérations :*
« *Dans la luzerne de ta voix tournois d'oiseaux chassent
soucis de sécheresse* » *et, plus loin, la beauté absolue dans
l'absolue simplicité :* « *Beauté, je me porte à ta rencontre
dans la solitude du froid. Ta lampe est rose, le vent brille.*

Le seuil du soir se creuse. » Encore : « Ce soir un village d'oiseaux — Très haut exulte et passe ». De même que l'ubac suppose l'adret, la haute tension la basse, la sainte et tonnante colère appelle, dans une égalité de ferveur, un regard moins emporté, plus serein, comme abandonné aux spectacles. La contre-terreur, c'est encore le grand rêve, le grand espoir d'innocence qui coule son eau obstinée partout dans un recueil que balaie le vent desséchant des méfaits, forfaits. C'est entendu, l'humanisme, aujourd'hui, n'est pas très bien porté. Appelant de ses vœux et de ses actes « l'homme requalifié », René Char « acharné à tromper son destin avec son contraire indomptable — l'espérance », donne au poète mission de changer, par son exemple et par le verbe, la trop (in)humaine condition : dans le sens de l'élargissement, de l'amplification, de la démesure. Il dira : « Déborder l'économie de la création, agrandir le sang des gestes ». Économie : le mot (et la chose) qu'il semble véritablement haïr. Les réflexions en forme d'éclairs axiomatiques sur le secret de l'homme voisinent ici avec la méditation sur les secrets du monde et il nous est révélé que « la conscience » en est à son « aurore ».

La poésie, enfin. Poésie du vœu pressant, de l'oracle, de l'apostrophe, de l'invocation, de l'interpellation, ce qui lui donne de la familiarité sans lui enlever rien de sa hauteur et de sa noblesse, elle existe surtout, on l'a vu, dans le raccourci, la concision, le laconisme. Par un paradoxe que je serais bien en peine d'expliquer, la langue de René Char, assurément éloquente, va au poème « pulvérisé », réduit, émietté, mille éclats de mica, ou à la parole en « archipel » : sur la mer blanche de la page, des aphorismes serrés, comme des groupes d'îles. Mais c'est la métaphore qui fonde la poésie de René Char : son originalité, ses beautés. La métaphore, à peu près jamais la comparaison — et on compterait sur les doigts d'une main les poèmes où apparaît la conjonction *(de comparaison)* comme. On lit : « *Les arêtes de notre amertume... L'aurore de la conscience... Le moulin à soleil... Les routes de la mémoire... L'embuscade des tuiles... L'aumône des calvaires... Otages des oiseaux, fontaines... L'amande de l'innocence... Le poignet de l'équinoxe...* ». René Char, de tous les poètes aujourd'hui, est le plus grand marieur de mots. Je ne parle ici que des mots les moins faits, par leur sonorité ou leur sens, pour aller ensemble. Des mots que la fatalité de leur nature vouait à ne se rencontrer jamais. Non seulement le poète juxtapose le concret au concret, le concret à l'abstrait, mais encore les mots abstraits entre eux, qui prennent là un éclat jamais vu. Notre perception ordinaire du monde s'en trouve ruinée et, sur ces décombres, brille un nouveau soleil. On comprend l'autre ambition, l'autre espoir de René Char, évoqués plus haut : ce que l'on peut faire avec les mots, pourquoi ne le réussirait-on pas avec les hommes ?

Pourquoi le cacher ? Ce n'est pas une poésie facile. Ses difficultés sont à proportion, en nous, des vieilles habitudes de voir et de leur résistance : René Char ou la jeunesse des mots, du monde... Il faut le lire et le relire pour, peu à peu, sentir en soi la débâcle des vieilles digues, de l'imagination paresseuse... Poésie qui se gagne, comme la terre promise de la légende et de l'histoire : celui-là qui y plante sa tente, qu'il soit assuré de s'en trouver plus fort et plus juste.

Yves Berger.

Ce volume contient :

SEULS DEMEURENT
FEUILLETS D'HYPNOS
LES LOYAUX ADVERSAIRES
LE POÈME PULVÉRISÉ
LA FONTAINE NARRATIVE

Seuls demeurent

(1938-1944)

L'AVANT-MONDE

ARGUMENT

1938

L'homme fuit l'asphyxie.

L'homme dont l'appétit hors de l'imagination se calfeutre sans finir de s'approvisionner, se délivrera par les mains, rivières soudainement grossies.

L'homme qui s'épointe dans la prémonition, qui déboise son silence intérieur et le répartit en théâtres, ce second c'est le faiseur de pain.

Aux uns la prison et la mort. Aux autres la transhumance du Verbe.

Déborder l'économie de la création, agrandir le sang des gestes, devoir de toute lumière.

Nous tenons l'anneau où sont enchaînés côte à côte, d'une part le rossignol diabolique, d'autre part la clé angélique.

Sur les arêtes de notre amertume, l'aurore de la conscience s'avance et dépose son limon.

Aoûtement. Une dimension franchit le fruit de l'autre. Dimensions adversaires. Déporté de l'attelage et des noces, je bats le fer des fermoirs invisibles.

CONGÉ AU VENT

A flancs de coteau du village bivouaquent des champs fournis de mimosas. A l'époque de la cueillette, il arrive que, loin de leur endroit, on fasse la rencontre extrêmement odorante d'une fille dont les bras se sont occupés durant la journée aux fragiles branches. Pareille à une lampe dont l'auréole de clarté serait de parfum, elle s'en va, le dos tourné au soleil couchant.

Il serait sacrilège de lui adresser la parole.

L'espadrille foulant l'herbe, cédez-lui le pas du chemin. Peut-être aurez-vous la chance de distinguer sur ses lèvres la chimère de l'humidité de la Nuit ?

VIOLENCES

La lanterne s'allumait. Aussitôt une cour de prison l'étreignait. Des pêcheurs d'anguilles venaient là fouiller de leur fer les rares herbes dans l'espoir d'en extraire de quoi amorcer leurs lignes. Toute la pègre des écumes se mettait à l'abri du besoin dans ce lieu. Et chaque nuit le même manège se répétait dont j'étais le témoin sans nom et la victime. J'optai pour l'obscurité et la réclusion.

Étoile du destiné. J'entr'ouvre la porte du jardin des morts. Des fleurs serviles se recueillent. Compagnes de l'homme. Oreilles du Créateur.

LA COMPAGNE DU VANNIER

Je t'aimais. J'aimais ton visage de source raviné par l'orage et le chiffre de ton domaine enserrant mon baiser. Certains se confient à une imagination toute ronde. Aller me suffit. J'ai rapporté du désespoir un panier si petit, mon amour, qu'on a pu le tresser en osier.

FRÉQUENCE

Tout le jour, assistant l'homme, le fer a appliqué son torse sur la boue enflammée de la forge. A la longue, leurs jarrets jumeaux ont fait éclater la mince nuit du métal à l'étroit sous la terre.

L'homme sans se hâter quitte le travail. Il plonge une dernière fois ses bras dans le flanc assombri de la rivière. Saura-t-il enfin saisir le bourdon glacé des algues?

ENVOÛTEMENT A LA RENARDIÈRE

Vous qui m'avez connu, grenade dissidente, point du jour déployant le plaisir comme exemple, votre visage, — tel est-il, qu'il soit toujours, — si libre qu'à son contact le cerne infini de l'air se plissait, s'entr'ouvrant à ma rencontre, me vêtait des beaux quartiers de votre imagination. Je demeurais là, entièrement inconnu de moi-même, dans votre moulin à soleil, exultant à la succession des richesses d'un cœur qui avait rompu son étau. Sur notre plaisir s'allongeait l'influente douceur de la grande roue consumable du mouvement, au terme de ses classes.

A ce visage, — personne ne l'aperçut jamais, — simplifier la beauté n'apparaissait pas comme une atroce économie. Nous étions exacts dans l'exceptionnel qui seul sait se soustraire au caractère alternatif du mystère de vivre.

Dès lors que les routes de la mémoire se sont couvertes de la lèpre infaillible des monstres, je trouve refuge dans une innocence où l'homme qui rêve ne peut vieillir. Mais ai-je qualité pour m'imposer de vous survivre, moi qui dans ce Chant de Vous me considère comme le plus éloigné de mes sosies?

JEUNESSE

Loin de l'embuscade des tuiles et de l'aumône des calvaires, vous vous donnez naissance, otages des oiseaux, fontaines. La pente de l'homme faite de la nausée de ses cendres, de l'homme en lutte avec sa providence vindicative, ne suffit pas à vous désenchanter.

Éloge, nous nous sommes acceptés.

« Si j'avais été muette comme la marche de pierre fidèle au soleil et qui ignore sa blessure cousue de lierre, si j'avais été enfant comme l'arbre blanc qui accueille les frayeurs des abeilles, si les collines avaient vécu jusqu'à l'été, si l'éclair m'avait ouvert sa grille, si tes nuits m'avaient pardonnée... »

Regard, verger d'étoiles, les genêts, la solitude sont distincts de vous! Le chant finit l'exil. La brise des agneaux ramène la vie neuve.

CALENDRIER

J'ai lié les unes aux autres mes convictions et agrandi ta Présence. J'ai octroyé un cours nouveau à mes jours en les adossant à cette force spacieuse. J'ai congédié la violence qui limitait mon ascendant. J'ai pris sans éclat le poignet de l'équinoxe. L'oracle ne me vassalise plus. J'entre : j'éprouve ou non la grâce.

La menace s'est polie. La plage qui chaque hiver s'encombrait de régressives légendes, de sibylles aux bras lourds d'orties, se prépare aux êtres à secourir. Je sais que la conscience qui se risque n'a rien à redouter de la plane.

MAISON DOYENNE

Entre le couvre-feu de l'année et le tressaille-
ment d'un arbre à la fenêtre. Vous avez interrompu
vos donations. La fleur d'eau de l'herbe rôde autour
d'un visage. Au seuil de la nuit l'insistance de votre
illusion reçoit la forêt.

ALLÉGEMENT

« J'errais dans l'or du vent, déclinant le refuge des villages où m'avaient connu des crève-cœur extrêmes. Du torrent épars de la vie arrêtée j'avais extrait la signification loyale d'Irène. La beauté déferlait de sa gaine fantasque, donnait des roses aux fontaines. »

La neige le surprit. Il se pencha sur le visage anéanti, en but à longs traits la superstition. Puis il s'éloigna, porté par la persévérance de cette houle, de cette laine.

ANNIVERSAIRE

Maintenant que tu as uni un printemps sans verglas aux embruns d'un massacre entré dans l'odyssée de sa cendre, fauche la moisson accumulée à l'horizon peu sûr, restitue-la aux espoirs qui l'entourèrent à sa naissance.

Que le jour te maintienne sur l'enclume de sa fureur blanche!

Ta bouche crie l'extinction des couteaux respirés. Tes filtres chauds-entr'ouverts s'élancent aux libertés.

Rien que l'âme d'une saison sépare ton approche de l'amande de l'innocence.

MÉDAILLON

Eaux de verte foudre qui sonnent l'extase du visage aimé, eaux cousues de vieux crimes, eaux amorphes, eaux saccagées d'un proche sacre... Dût-il subir les semonces de sa mémoire éliminée, le fontainier salue des lèvres l'amour absolu de l'automne.

Identique sagesse, toi qui composes l'avenir sans croire au poids qui décourage, qu'il sente s'élancer dans son corps l'électricité du voyage.

AFIN QU'IL N'Y SOIT RIEN CHANGÉ

1

Tiens mes mains intendantes, gravis l'échelle noire, ô Dévouée; la volupté des graines fume, les villes sont fer et causerie lointaine.

2

Notre désir retirait à la mer sa robe chaude avant de nager sur son cœur.

3

Dans la luzerne de ta voix tournois d'oiseaux chassent soucis de sécheresse.

4

Quand deviendront guides les sables balafrés issus des lents charrois de la terre, le calme approchera de notre espace clos.

5

La quantité de fragments me déchire. Et debout se tient la torture.

6

Le ciel n'est plus aussi jaune, le soleil aussi bleu. L'étoile furtive de la pluie s'annonce. Frère, silex fidèle, ton joug s'est fendu. L'entente a jailli de tes épaules.

7

Beauté, je me porte à ta rencontre dans la solitude du froid. Ta lampe est rose, le vent brille. Le seuil du soir se creuse.

8

J'ai, captif, épousé le ralenti du lierre à l'assaut de la pierre de l'éternité.

9

« Je t'aime », répète le vent à tout ce qu'il fait vivre.

Je t'aime et tu vis en moi.

LE LORIOT

3 septembre 1939

Le loriot entra dans la capitale de l'aube.
L'épée de son chant ferma le lit triste.
Tout à jamais prit fin.

ÉLÉMENTS

Au souvenir de Roger Bonon,
tué en mai 1940 (mer du Nord).

Cette femme à l'écart de l'affluence de la rue
tenait son enfant dans ses bras comme un volcan à
demi consumé tient son cratère. Les mots qu'elle lui
confiait parcouraient lentement sa tête avant de
trouer la léthargie de sa bouche. Il émanait de ces
deux êtres, dont l'un ne pesait guère moins que la
coque d'une étoile, un épuisement obscur qui bientôt
ne se raidirait plus et glisserait dans la dissolution,
cette terminaison précoce des misérables.

Au ras du sol la nuit entrait légère dans leur
chair qui titubait. A leurs yeux les mondes avaient
cessé de s'affronter, s'ils l'avaient jamais fait.

Dans cette femme encore jeune un homme
devait avoir racine, mais il demeurait invisible
comme si l'horreur, à bout de forces, s'en était tenue
là.

L'entrain égoïste, congé des idiots et des tyrans,
qui flâne toujours dans les mêmes parties éclairées

de son quartier est apostume; la vulnérabilité qui ose se découvrir nous engage étroitement.

J'entrevois le jour où quelques hommes qui ne se croiront pas généreux et acquittés parce qu'ils auront réussi à chasser l'accablement et la soumission au mal des abords de leurs semblables en même temps qu'ils auront atteint et maîtrisé les puissances de chantage qui de toutes parts les bravaient, j'entrevois le jour où quelques hommes entreprendront sans ruse le voyage de l'énergie de l'univers. Et comme la fragilité et l'inquiétude s'alimentent de poésie, au retour il sera demandé à ces hauts voyageurs de vouloir bien se souvenir.

FORCE CLÉMENTE

Je sais où m'entravent mes insuffisances, vitrail si la fleur se détache du sang du jeune été. Le cœur d'eau noire du soleil a pris la place du soleil, a pris la place de mon cœur. Ce soir, la grande roue errante si grave du désir peut bien être de moi seul visible... Ferai-je ailleurs jamais naufrage?

LÉONIDES

Es-tu ma femme? Ma femme faite pour atteindre la rencontre du présent? L'hypnose du phénix convoite ta jeunesse. La pierre des heures l'investit de son lierre.

Es-tu ma femme? L'an du vent où guerroie un vieux nuage donne naissance à la rose, à la rose de violence.

Ma femme faite pour atteindre la rencontre du présent.

Le combat s'éloigne et nous laisse un cœur d'abeille sur nos terres, l'ombre éveillée, le pain naïf. La veillée file lentement vers l'immunité de la Fête.

Ma femme faite pour atteindre la rencontre du présent.

FENAISON

O nuit, je n'ai rapporté de ta félicité que l'apparence parfumée d'ellipses d'oiseaux insaisissables! Rien n'imposait le mouvement que ta main de pollen qui fondait sur mon front aux moulinets d'une lampe d'anémone. Aux approches du désir les meules bleu de ciel s'étaient l'une après l'autre soulevées, car mort là-bas était le Faneur, vieillard masqué, acteur félon, chimiste du maudit voyage.

Je m'appuie un moment sur la pelle du déluge et chantourne sa langue. Mes sueurs d'agneau noir provoquent le sarcasme. Ma nausée se grossit de soudains consentements dont je n'arrive pas à maintenir le cours. Anneau tard venu, enclavé dans la chevalerie pythienne saturée de feu et de vieillesse, quel compagnon engagerais-je? Je prends place inaperçu sur le tirant de l'étrave jusqu'à la date fleurie où rougeoiera ma cendre.

O nuit, je n'ai pu traduire en galaxie son Apparition que j'épousai étroitement dans les temps purs de la fugue! Cette Sœur immédiate tournait le cœur du jour.

Salut à celui qui marche en sûreté à mes côtés, au terme du poème. Il passera demain DEBOUT sous le vent.

L'ABSENT

Ce frère brutal mais dont la parole était sûre, patient au sacrifice, diamant et sanglier, ingénieux et secourable, se tenait au centre de tous les malentendus tel un arbre de résine dans le froid inalliable. Au bestiaire de mensonges qui le tourmentait de ses gobelins et de ses trombes il opposait son dos perdu dans le temps. Il venait à vous par des sentiers invisibles, favorisait l'audace écarlate, ne vous contrariait pas, savait sourire. Comme l'abeille quitte le verger pour le fruit déjà noir, les femmes soutenaient sans le trahir le paradoxe de ce visage qui n'avait pas des traits d'otage.

J'ai essayé de vous décrire ce compère indélébile que nous sommes quelques-uns à avoir fréquenté. Nous dormirons dans l'espérance, nous dormirons en son absence, puisque la raison ne soupçonne pas que ce qu'elle nomme, à la légère, absence, occupe le fourneau dans l'unité.

L'ÉPI DE CRISTAL
ÉGRÈNE DANS LES HERBES
SA MOISSON TRANSPARENTE

La ville n'était pas défaite. Dans la chambre devenue légère le donneur de liberté couvrait son amour de cet immense effort du corps, semblable à celui de la création d'un fluide par le jour. L'alchimie du désir rendait essentiel leur génie récent à l'univers de ce matin. Loin derrière eux leur mère ne les trahirait plus, leur mère si immobile. Maintenant ils précédaient le pays de leur avenir qui ne contenait encore que la flèche de leur bouche dont le chant venait de naître. Leur avidité rencontrait immédiatement son objet. Ils douaient d'omniprésence un temps qu'on n'interrogeait pas.

Il lui disait comment jadis dans des forêts persécutées il interpellait les animaux auxquels il apportait leur chance, son serment aux monts internés qui l'avait conduit à la reconnaissance de son exemplaire destin et quel boucher secret il avait dû vaincre pour acquérir à ses yeux la tolérance de son semblable.

Dans la chambre devenue légère et qui peu à peu développait les grands espaces du voyage, le donneur de liberté s'apprêtait à disparaître, à se confondre avec d'autres naissances, une nouvelle fois.

LOUIS CUREL DE LA SORGUE

Sorgue qui t'avances derrière un rideau de papillons qui pétillent, ta faucille de doyen loyal à la main, la crémaillère du supplice en collier à ton cou, pour accomplir ta journée d'homme, quand pourrai-je m'éveiller et me sentir heureux au rythme modelé de ton seigle irréprochable? Le sang et la sueur ont engagé leur combat qui se poursuivra jusqu'au soir, jusqu'à ton retour, solitude aux marges de plus en plus grandes. L'arme de tes maîtres, l'horloge des marées, achève de pourrir. La création et la risée se dissocient. L'air-roi s'annonce. Sorgue, tes épaules comme un livre ouvert propagent leur lecture. Tu as été, enfant, le fiancé de cette fleur au chemin tracé dans le rocher qui s'évadait par un frelon... Courbé, tu observes aujourd'hui l'agonie du persécuteur qui arracha à l'aimant de la terre la cruauté d'innombrables fourmis pour la jeter en millions de meurtriers contre les tiens et ton espoir. Écrase donc encore une fois cet œuf cancéreux qui résiste...

Il y a un homme à présent debout, un homme dans un champ de seigle, un champ pareil à un chœur mitraillé, un champ sauvé.

NE S'ENTEND PAS

Au cours de la lutte si noire et de l'immobilité si noire, la terreur aveuglant mon royaume, je m'élevai des lions ailés de la moisson jusqu'au cri froid de l'anémone. Je vins au monde dans la difformité des chaînes de chaque être. Nous nous faisions libres tous deux. Je tirai d'une morale compatible les secours irréprochables. Malgré la soif de disparaître, je fus prodigue dans l'attente, la foi vaillante. Sans renoncer.

LE DEVOIR

L'enfant que, la nuit venue, l'hiver descendait avec précaution de la charrette de la lune, une fois à l'intérieur de la maison balsamique, plongeait d'un seul trait ses yeux dans le foyer de fonte rouge. Derrière l'étroit vitrail incendié l'espace ardent le tenait entièrement captif. Le buste incliné vers la chaleur, ses jeunes mains scellées à l'envolée de feuilles sèches du bien-être, l'enfant épelait la rêverie du ciel glacé :

« Bouche, ma confidente, que vois-tu ?

— Cigale, je vois un pauvre champignon au cœur de pierre, en amitié avec la mort. Son venin est si vieux que tu peux le tourner en chanson.

— Maîtresse, où vont mes lignes ?

— Belle, ta place est marquée sur le banc du parc où le cœur a sa couronne.

— Suis-je le présent de l'amour ? »

Dans la constellation des Pléiades, au vent d'un fleuve adolescent, l'impatient Minotaure s'éveillait.

PAR LA BOUCHE DE L'ENGOULEVENT

Enfants qui cribliez d'olives le soleil enfoncé dans le bois de la mer, enfants, ô frondes de froment, de vous l'étranger se détourne, se détourne de votre sang martyrisé, se détourne de cette eau trop pure, enfants aux yeux de limon, enfants qui faisiez chanter le sel à votre oreille, comment se résoudre à ne plus s'éblouir de votre amitié? Le ciel dont vous disiez le duvet, la Femme dont vous trahissiez le désir, la foudre les a glacés.

Châtiments! Châtiments!

VIVRE AVEC DE TELS HOMMES

Tellement j'ai faim, je dors sous la canicule des preuves. J'ai voyagé jusqu'à l'épuisement, le front sur le séchoir noueux. Afin que le mal demeure sans relève, j'ai étouffé ses engagements. J'ai effacé son chiffre de la gaucherie de mon étrave. J'ai répliqué aux coups. On tuait de si près que le monde s'est voulu meilleur. Brumaire de mon âme jamais escaladé, qui fait feu dans la bergerie déserte? Ce n'est plus la volonté elliptique de la scrupuleuse solitude. Aile double des cris d'un million de crimes se levant soudain dans des yeux jadis négligents, montrez-nous vos desseins et cette large abdication du remords!

. . . .

Montre-toi; nous n'en avions jamais fini avec le sublime bien-être des très maigres hirondelles. Avides de s'approcher de l'ample allégement. Incertains dans le temps que l'amour grandissait. Incertains, eux seuls, au sommet du cœur.

Tellement j'ai faim.

L'ÉCLAIRAGE DU PÉNITENCIER

Ta nuit je l'ai voulue si courte que ta marâtre taciturne fut vieille avant d'en avoir conçu les pouvoirs.

J'ai rêvé d'être à ton côté ce fugitif harmonieux, à la personne à peine indiquée, au bénéfice provenant de route triste et d'angélique. Nul n'ose le retarder.

Le jour s'est soudain resserré. Perdant tous les morts que j'aimais, je congédie ce chien la rose, dernier vivant, distrait été.

Je suis l'exclu et le comblé. Achevez-moi, beauté planeuse, ivres paupières mal fermées. Chaque plaie met à la fenêtre ses yeux de phénix éveillé. La satisfaction de résoudre chante et gémit dans l'or du mur.

Ce n'est encore que le vent du joug.

LE BOUGE DE L'HISTORIEN

La pyramide des martyrs obsède la terre.

Onze hivers tu auras renoncé au quantième de l'espérance, à la respiration de ton fer rouge, en d'atroces performances psychiques. Comète tuée net, tu auras barré sanglant la nuit de ton époque. Interdiction de croire tienne cette page d'où tu prenais élan pour te soustraire à la géante torpeur d'épine du Monstre, à son contentieux de massacreurs.

Miroir de la murène! Miroir du vomito! Purin d'un feu plat tendu par l'ennemi!

Dure, afin de pouvoir encore mieux aimer un jour ce que tes mains d'autrefois n'avaient fait qu'effleurer sous l'olivier trop jeune.

CHANT DU REFUS

Début du partisan

Le poète est retourné pour de longues années dans le néant du père. Ne l'appelez pas, vous tous qui l'aimez. S'il vous semble que l'aile de l'hirondelle n'a plus de miroir sur terre, oubliez ce bonheur. Celui qui panifiait la souffrance n'est pas visible dans sa léthargie rougeoyante.

Ah! beauté et vérité fassent que vous soyez *présents* nombreux aux salves de la délivrance!

CARTE DU 8 NOVEMBRE

Les clous dans notre poitrine, la cécité transissant nos os, qui s'offre à les subjuguer? Pionniers de la vieille église, affluence du Christ, vous occupez moins de place dans la prison de notre douleur que le trait d'un oiseau sur la corniche de l'air. La foi! Son baiser s'est détourné avec horreur de ce nouveau calvaire. Comment son bras tiendrait-il démurée notre tête, lui qui vit, retranché des fruits de son prochain, de la charité d'une serrure inexacte? Le suprême écœurement, celui à qui la mort même refuse son ultime fumée, se retire, déguisé en seigneur.

Notre maison vieillira à l'écart de nous, épargnant le souvenir de notre amour couché intact dans la tranchée de sa seule reconnaissance.

Tribunal implicite, cyclone vulnéraire, que tu nous rends tard le but et la table où la faim entrait la première! Je suis aujourd'hui pareil à un chien enragé enchaîné à un arbre plein de rires et de feuilles.

PLISSEMENT

Qu'il était pur, mon frère, le prête-nom de ta faillite — j'entends tes sanglots, tes jurons —. O vie transcrite du large sel maternel! L'homme aux dents de furet abreuvait son zénith dans la terre des caves, l'homme au teint de mouchard tuméfiait partout la beauté bien-aimée. Vieux sang voûté, mon gouverneur, nous avons guetté jusqu'à la terreur le dégel lunaire de la nausée. Nous nous sommes étourdis de patience sauvage; une lampe inconnue de nous, inaccessible à nous, à la pointe du monde, tenait éveillés le courage et le silence.

Vers ta frontière, ô vie humiliée, je marche maintenant au pas des certitudes, averti que la vérité ne précède pas obligatoirement l'action. Folle sœur de ma phrase, ma maîtresse scellée, je te sauve d'un hôtel de décombres.

Le sabre bubonique tombe des mains du Monstre au terme de l'exode du temps de s'exprimer.

HOMMAGE ET FAMINE

Femme qui vous accordez avec la bouche du
poète, ce torrent au limon serein, qui lui avez appris,
alors qu'il n'était encore qu'une graine captive de
loup anxieux, la tendresse des hauts murs polis par
votre nom (hectares de Paris, entrailles de beauté,
mon feu monte sous vos robes de fugue), Femme qui
dormez dans le pollen des fleurs, déposez sur son
orgueil votre givre de médium illimité, afin qu'il
demeure jusqu'à l'heure de la bruyère d'ossements
l'homme qui pour mieux vous adorer reculait indéfi-
niment en vous la diane de sa naissance, le poing de
sa douleur, l'horizon de sa victoire.

(Il faisait nuit. Nous nous étions serrés sous le
grand chêne de larmes. Le grillon chanta. Comment
savait-il, solitaire, que la terre n'allait pas mourir,
que nous, les enfants sans clarté, allions bientôt
parler?)

LA LIBERTÉ

Elle est venue par cette ligne blanche pouvant tout aussi bien signifier l'issue de l'aube que le bougeoir du crépuscule.

Elle passa les grèves machinales; elle passa les cimes éventrées.

Prenaient fin la renonciation à visage de lâche, la sainteté du mensonge, l'alcool du bourreau.

Son verbe ne fut pas un aveugle bélier mais la toile où s'inscrivit mon souffle.

D'un pas à ne se mal guider que derrière l'absence, elle est venue, cygne sur la blessure, par cette ligne blanche.

LE VISAGE NUPTIAL

CONDUITE

Passe.
La bêche sidérale
autrefois là s'est engouffrée.
Ce soir un village d'oiseaux
très haut exulte et passe.

Écoute aux tempes rocheuses
des présences dispersées
le mot qui fera ton sommeil
chaud comme un arbre de septembre.

Vois bouger l'entrelacement
des certitudes arrivées
près de nous à leur quintessence,
ô ma Fourche, ma Soif anxieuse !

La rigueur de vivre se rode
sans cesse à convoiter l'exil.
Par une fine pluie d'amande,
mêlée de liberté docile,
ta gardienne alchimie s'est produite,
ô Bien-aimée !

GRAVITÉ

L'emmuré

S'il respire il pense à l'encoche
Dans la tendre chaux confidente
Où ses mains du soir étendent ton corps.

Le laurier l'épuise,
La privation le consolide.

O toi, la monotone absente,
La fileuse de salpêtre,
Derrière des épaisseurs fixes
Une échelle sans âge déploie ton voile!

Tu vas nue, constellée d'échardes,
Secrète, tiède et disponible,
Attachée au sol indolent,
Mais l'intime de l'homme abrupt dans sa prison.

A te mordre les jours grandissent,
Plus arides, plus imprenables que les nuages qui se
déchirent au fond des os.

★

J'ai pesé de tout mon désir
Sur ta beauté matinale
Pour qu'elle éclate et se sauve.

L'ont suivie l'alcool sans rois mages,
Le battement de ton triangle,
La main-d'œuvre de tes yeux
Et le gravier debout sur l'algue.

Un parfum d'insolation
Protège ce qui va éclore.

LE VISAGE NUPTIAL

A présent disparais, mon escorte, debout dans la
    distance;
La douceur du nombre vient de se détruire.
Congé à vous, mes alliés, mes violents, mes indices.
Tout vous entraîne, tristesse obséquieuse.
J'aime.

L'eau est lourde à un jour de la source.
La parcelle vermeille franchit ses lentes branches à
    ton front, dimension rassurée.
Et moi semblable à toi,
Avec la paille en fleur au bord du ciel criant ton nom,
J'abats les vestiges,
Atteint, sain de clarté.

Ceinture de vapeur, multitude assouplie, diviseurs de
    la crainte, touchez ma renaissance.
Parois de ma durée, je renonce à l'assistance de ma
    largeur vénielle;
Je boise l'expédient du gîte, j'entrave la primeur des
    survies.
Embrasé de solitude foraine,
J'évoque la nage sur l'ombre de sa Présence.

Le corps désert, hostile à son mélange, hier, était
    revenu parlant noir.
Déclin, ne te ravise pas, tombe ta massue de transes,
    aigre sommeil.
Le décolleté diminue les ossements de ton exil, de ton
    escrime ;
Tu rends fraîche la servitude qui se dévore le dos ;
Risée de la nuit, arrête ce charroi lugubre
De voix vitreuses, de départs lapidés.

Tôt soustrait au flux des lésions inventives
(La pioche de l'aigle lance haut le sang évasé)
Sur un destin présent j'ai mené mes franchises
Vers l'azur multivalve, la granitique dissidence.

O voûte d'effusion sur la couronne de son ventre,
Murmure de dot noire !
O mouvement tari de sa diction !
Nativité, guidez les insoumis, qu'ils découvrent leur
    base,
L'amande croyable au lendemain neuf.
Le soir a fermé sa plaie de corsaire où voyageaient
    les fusées vagues parmi la peur soutenue des
    chiens.
Au passé les micas du deuil sur ton visage.

Vitre inextinguible : mon souffle affleurait déjà l'ami-
    tié de ta blessure,
Armait ta royauté inapparente.
Et des lèvres du brouillard descendit notre plaisir au
    seuil de dune, au toit d'acier.
La conscience augmentait l'appareil frémissant de ta
    permanence ;
La simplicité fidèle s'étendit partout.

Timbre de la devise matinale, morte-saison de l'étoile
     précoce,
Je cours au terme de mon cintre, colisée fossoyé.
Assez baisé le crin nubile des céréales :
La cardeuse, l'opiniâtre, nos confins la soumettent.
Assez maudit le havre des simulacres nuptiaux :
Je touche le fond d'un retour compact.

Ruisseaux, neume des morts anfractueux,
Vous qui suivez le ciel aride,
Mêlez votre acheminement aux orages de qui sut
     guérir de la désertion,
Donnant contre vos études salubres.
Au sein du toit le pain suffoque à porter cœur et lueur.
Prends, ma Pensée, la fleur de ma main pénétrable,
Sens s'éveiller l'obscure plantation.

Je ne verrai pas tes flancs, ces essaims de faim, se
     dessécher, s'emplir de ronces;
Je ne verrai pas l'empuse te succéder dans ta serre;
Je ne verrai pas l'approche des baladins inquiéter le
     jour renaissant;
Je ne verrai pas la race de notre liberté servilement
     se suffire.

Chimères, nous sommes montés au plateau.
Le silex frissonnait sous les sarments de l'espace;
La parole, lasse de défoncer, buvait au débarcadère
     angélique.
Nulle farouche survivance :
L'horizon des routes jusqu'à l'afflux de rosée,
L'intime dénouement de l'irréparable.

Voici le sable mort, voici le corps sauvé :
La Femme respire, l'Homme se tient debout.

ÉVADNÉ

L'été et notre vie étions d'un seul tenant
La campagne mangeait la couleur de ta jupe odorante
Avidité et contrainte s'étaient réconciliées
Le château de Maubec s'enfonçait dans l'argile
Bientôt s'effondrerait le roulis de sa lyre
La violence des plantes nous faisait vaciller
Un corbeau rameur sombre déviant de l'escadre
Sur le muet silex de midi écartelé
Accompagnait notre entente aux mouvements tendres
La faucille partout devait se reposer
Notre rareté commençait un règne
(Le vent insomnieux qui nous ride la paupière
En tournant chaque nuit la page consentie
Veut que chaque part de toi que je retienne
Soit étendue à un pays d'âge affamé et de larmier
      géant)

C'était au début d'adorables années
La terre nous aimait un peu je me souviens.

POST-SCRIPTUM

Écartez-vous de moi qui patiente sans bouche;
A vos pieds je suis né, mais vous m'avez perdu;
Mes feux ont trop précisé leur royaume;
Mon trésor a coulé contre votre billot.

Le désert comme asile au seul tison suave
Jamais ne m'a nommé, jamais ne m'a rendu.

Écartez-vous de moi qui patiente sans bouche :
Le trèfle de la passion est de fer dans ma main.

Dans la stupeur de l'air où s'ouvrent mes allées,
Le temps émondera peu à peu mon visage,
Comme un cheval sans fin dans un labour aigri.

PARTAGE FORMEL

PARTAGE FORMEL

Mes sœurs, voici l'eau du sacre qui pénètre toujours plus étroite au cœur de l'été.

I

L'imagination consiste à expulser de la réalité plusieurs personnes incomplètes pour, mettant à contribution les puissances magiques et subversives du désir, obtenir leur retour sous la forme d'une présence entièrement satisfaisante. C'est alors l'inextinguible réel incréé.

II

Ce dont le poète souffre le plus dans ses rapports avec le monde, c'est du manque de justice *interne*. La vitre-cloaque de Caliban derrière laquelle les yeux tout-puissants et sensibles d'Ariel s'irritent.

III

Le poète transforme indifféremment la défaite en victoire, la victoire en défaite, empereur prénatal seulement soucieux du recueil de l'azur.

IV

Quelquefois sa réalité n'aurait aucun sens pour lui, si le poète n'influençait pas en secret le récit des exploits de celle des autres.

V

Magicien de l'insécurité, le poète n'a que des satisfactions adoptives. Cendre toujours inachevée.

VI

Derrière l'œil fermé d'une de ces Lois préfixes qui ont pour notre désir des obstacles sans solution, parfois se dissimule un soleil arriéré dont la sensibilité de fenouil à notre contact violemment s'épanche et nous embaume. L'obscurité de sa tendresse, son entente avec l'inespéré, noblesse lourde qui suffit au poète.

VII

Le poète doit tenir la balance égale entre le monde physique de la veille et l'aisance redoutable du sommeil, les lignes de la connaissance dans lesquelles il couche le corps subtil du poème, allant indistinctement de l'un à l'autre de ces états différents de la vie.

VIII

Chacun vit jusqu'au soir qui complète l'amour. Sous l'autorité harmonieuse d'un prodige commun à tous, la destinée particulière s'accomplit jusqu'à la solitude, jusqu'à l'oracle.

IX

A DEUX MÉRITES. — Héraclite, Georges de La Tour, je vous sais gré d'avoir de longs moments poussé dehors de chaque pli de mon corps singulier ce leurre : la condition humaine incohérente, d'avoir tourné l'anneau dévêtu de la femme d'après le regard du visage de l'homme, d'avoir rendu agile et recevable ma dislocation, d'avoir dépensé vos forces à la couronne de cette conséquence sans mesure de la lumière absolument impérative : l'action contre le réel, par tradition signifiée, simulacre et miniature.

X

Il convient que la poésie soit inséparable du prévisible, mais non encore formulé.

XI

Peut-être la guerre civile, nid d'aigle de la mort enchantée? O rayonnant buveur d'avenir mort!

XII

Disposer en terrasses successives des valeurs poétiques tenables en rapports prémédités avec la pyramide du Chant à l'instant de se révéler, pour obtenir cet absolu inextinguible, ce rameau du premier soleil : le feu non vu, indécomposable.

XIII

Fureur et mystère tour à tour le séduisirent et le consumèrent. Puis vint l'année qui acheva son agonie de saxifrage.

XIV

Gravitaient autour de son pain aigre les circonstances des rebondissements, des renaissances, des foudroiements et des nages incrustantes dans la fontaine de Saint-Allyre.

XV

En poésie, combien d'initiés engagent encore de nos jours, sur un hippodrome situé dans l'été luxueux, parmi les nobles bêtes sélectionnées, un cheval de corrida dont les entrailles fraîchement recousues palpitent de poussières répugnantes! Jusqu'à ce que l'embolie dialectique qui frappe tout poème frauduleusement élaboré fasse justice dans la personne de son auteur de cette impropriété inadmissible.

XVI

Le poème est toujours marié à quelqu'un.

XVII

Héraclite met l'accent sur l'exaltante alliance des contraires. Il voit en premier lieu en eux la condition parfaite et le moteur indispensable à produire l'harmonie. En poésie il est advenu qu'au moment de la fusion de ces contraires surgissait un impact sans origine définie dont l'action dissolvante et solitaire provoquait le glissement des abîmes qui portent de façon si antiphysique le poème. Il appartient au poète de couper court à ce danger en faisant intervenir, soit un élément traditionnel à raison éprouvée, soit le feu d'une démiurgie si miraculeuse qu'elle annule le trajet de cause à effet. Le poète peut alors voir les contraires — ces mirages ponctuels et tumultueux — aboutir, leur lignée immanente *se personnifier*, poésie et vérité, comme nous savons, étant synonymes.

XVIII

Adoucis ta patience, mère du Prince. Telle jadis tu aidais à nourrir le lion de l'opprimé.

XIX

Homme de la pluie et enfant du beau temps, vos mains de défaite et de progrès me sont également nécessaires.

XX

De ta fenêtre ardente, reconnais dans les traits de ce bûcher subtil le poète, tombereau de roseaux qui brûlent et que l'inespéré escorte.

XXI

En poésie c'est seulement à partir de la communication et de la libre-disposition de la totalité des choses entre elles à travers nous que nous nous trouvons engagés et définis, à même d'obtenir notre forme originale et nos propriétés probatoires.

A l'âge d'homme j'ai vu s'élever et grandir sur le mur mitoyen de la vie et de la mort une échelle de plus en plus nue, investie d'un pouvoir d'évulsion unique : le rêve. Ses barreaux, à partir d'un certain progrès, ne soutenaient plus les lisses épargnants du sommeil. Après la brouillonne vacance de la profondeur injectée dont les figures chaotiques servirent de champ à l'inquisition d'hommes bien doués mais incapables de toiser l'universalité du drame, voici que l'obscurité s'écarte et que VIVRE devient, sous la forme d'un âpre ascétisme allégorique, la conquête des pouvoirs extraordinaires dont nous nous sentons profusément traversés mais que nous n'exprimons qu'incomplètement faute de loyauté, de discernement cruel et de persévérance.

Compagnons pathétiques qui murmurez à peine, allez la lampe éteinte et rendez les bijoux. Un mystère nouveau chante dans vos os. Développez votre étrangeté légitime.

Je suis le poète, meneur de puits tari que tes lointains, ô mon amour, approvisionnent.

Par un travail physique intense on se maintient au niveau du froid extérieur et, ce faisant, on supprime le risque d'être annexé par lui; ainsi, à l'heure du retour au réel non suscité par notre désir, lorsque le temps est venu de confier à son destin le vaisseau du poème, nous nous trouvons dans une situation analogue. Les roues — ces gravats — de notre moulin pétrifié s'élancent, raclant des eaux basses et difficiles. Notre effort réapprend des sueurs proportionnelles. Et nous allons, lutteurs à terre mais jamais mourants, au milieu de témoins qui nous exaspèrent et de vertus indifférentes.

XXV

Refuser la goutte d'imagination qui manque au néant, c'est se vouer à la patience de rendre à l'éternel le mal qu'il nous fait.

O urne de laurier dans un ventre d'aspic!

XXVI

Mourir, ce n'est jamais que contraindre sa conscience, au moment même où elle s'abolit, à prendre congé de quelques quartiers physiques actifs ou somnolents d'un corps qui nous fut passablement étranger puisque sa connaissance ne nous vint qu'au travers d'expédients mesquins et sporadiques. Gros bourg sans grâce au brouhaha duquel s'employaient des habitants modérés... Et au-dessus de cet atroce hermétisme s'élançait une colonne d'ombre à face voûtée, endolorie et à demi aveugle, de loin en loin — ô bonheur — scalpée par la foudre.

XXVII

Terre mouvante, horrible, exquise et condition humaine hétérogène se saisissent et se qualifient mutuellement. La poésie se tire de la somme exaltée de leur moire.

XXVIII

Le poète est l'homme de la stabilité unilatérale.

XXIX

Le poème émerge d'une imposition subjective et d'un choix objectif.

Le poème est une assemblée en mouvement de valeurs originales déterminantes en relations contemporaines avec *quelqu'un que cette circonstance fait premier.*

XXX

Le poème est l'amour réalisé du désir demeuré désir.

XXXI

Certains réclament pour elle le sursis de l'armure; leur blessure a le spleen d'une éternité de tenailles.

Mais la poésie qui va nue sur ses pieds de roseau, sur ses pieds de caillou, ne se laisse réduire nulle part. Femme, nous baisons le temps fou sur sa bouche, où côte à côte avec le grillon zénithal, elle chante la nuit de l'hiver dans la pauvre boulangerie, sous la mie d'un pain de lumière.

XXXII

Le poète ne s'irrite pas de l'extinction hideuse de la mort, mais confiant en son toucher particulier transforme toute chose en laines prolongées.

XXXIII

Au cours de son action parmi les essarts de l'universalité du Verbe, le poète intègre, avide, impressionnable et téméraire se gardera de sympathiser avec les entreprises qui aliènent le prodige de la liberté en poésie, c'est-à-dire de l'intelligence dans la vie.

XXXIV

Un être qu'on ignore est un être infini, susceptible, en intervenant, de changer notre angoisse et notre fardeau en aurore artérielle.

Entre innocence et connaissance, amour et néant, le poète étend sa santé chaque jour.

XXXV

Le poète en traduisant l'intention en acte inspiré, en convertissant un cycle de fatigues en fret de résurrection, fait entrer l'oasis du froid par tous les pores de la vitre de l'accablement et crée le prisme, hydre de l'effort, du merveilleux, de la rigueur et du déluge, ayant tes lèvres pour sagesse et mon sang pour retable.

XXXVI

Le logement du poète est des plus vagues; le gouffre d'un feu triste soumissionne sa table de bois blanc.

La vitalité du poète n'est pas une vitalité de l'au-delà mais un point diamanté *actuel* de présences transcendantes et d'orages pèlerins.

XXXVII

Il ne dépend que de la nécessité et de votre volupté qui me créditent que j'aie ou non le Visage de l'échange.

XXXVIII

Les dés aux minutes comptées, les dés inaptes à étreindre, parce qu'ils sont naissance et vieillesse.

XXXIX

Au seuil de la pesanteur, le poète comme l'araignée construit sa route dans le ciel. En partie caché à lui-même, il apparaît aux autres, dans les rayons de sa ruse inouïe, mortellement visible.

XL

Traverser avec le poème la pastorale des déserts, le don de soi aux furies, le feu moisissant des larmes. Courir sur ses talons, le prier, l'injurier. L'identifier comme étant l'expression de son génie ou encore l'ovaire écrasé de son appauvrissement. Par une nuit, faire irruption à sa suite, enfin, dans les noces de la grenade cosmique.

XLI

Dans le poète deux évidences sont incluses : la première livre d'emblée tout son sens sous la variété des formes dont le réel extérieur dispose; elle est rarement creusante, est seulement pertinente; la seconde se trouve insérée dans le poème, elle dit le commandement et l'exégèse des dieux puissants et fantasques qui habitent le poète, évidence indurée qui ne se flétrit ni ne s'éteint. Son hégémonie est attributive. Prononcée, elle occupe une étendue considérable.

XLII

Être poète, c'est avoir de l'appétit pour un malaise dont la consommation, parmi les tourbillons de la totalité des choses existantes et pressenties, provoque, au moment de se clore, la félicité.

XLIII

Le poème donne et reçoit de sa multitude l'entière démarche du poète s'expatriant de son huis clos. Derrière cette persienne de sang brûle le cri d'une force qui se détruira elle seule parce qu'elle a horreur de la force, sa sœur subjective et stérile.

XLIV

Le poète tourmente à l'aide d'injaugeables secrets la forme et la voix de ses fontaines.

XLV

Le poète est la genèse d'un être qui projette et d'un être qui retient. A l'amant il emprunte le vide, à la bien-aimée, la lumière. Ce couple formel, cette double sentinelle lui donnent pathétiquement sa voix.

XLVI

Inexpugnable sous sa tente de cyprès, le poète, pour se convaincre et se guider, ne doit pas craindre de se servir de toutes les clefs accourues dans sa main. Cependant il ne doit pas confondre une animation de frontières avec un horizon révolutionnaire.

XLVII

Reconnaître deux sortes de possible : le possible *diurne* et le possible *prohibé*. Rendre, s'il se peut, le premier l'égal du second; les mettre sur la voie royale du fascinant impossible, degré le plus haut du compréhensible.

XLVIII

Le poète recommande : « Penchez-vous, penchez-vous davantage. » Il ne sort pas toujours indemne de sa page, mais comme le pauvre il sait tirer parti de l'éternité d'une olive.

XLIX

A chaque effondrement des preuves le poète répond par une salve d'avenir.

Toute respiration propose un règne : la tâche de persécuter, la décision de maintenir, la fougue de rendre libre. Le poète partage dans l'innocence et dans la pauvreté la condition des uns, condamne et rejette l'arbitraire des autres.

Toute respiration propose un règne : jusqu'à ce que soit rempli le destin de cette tête monotype qui pleure, s'obstine et se dégage pour se briser dans l'infini, hure de l'imaginaire.

LI

Certaines époques de la condition de l'homme subissent l'assaut glacé d'un mal qui prend appui sur les points les plus déshonorés de la nature humaine. Au centre de cet ouragan, le poète complétera par le refus de soi le sens de son message, puis se joindra au parti de ceux qui, ayant ôté à la souffrance son masque de légitimité, assurent le retour éternel de l'entêté portefaix, passeur de justice.

LII

Cette forteresse épanchant la liberté par toutes ses poternes, cette fourche de vapeur qui tient dans l'air un corps d'une envergure prométhéenne que la foudre illumine et évite, c'est le poème, aux caprices

exorbitants, qui dans l'instant nous obtient puis
s'efface.

LIII

Après la remise de ses trésors (tournoyant entre
deux ponts) et l'abandon de ses sueurs, le poète, la
moitié du corps, le sommet du souffle dans l'inconnu,
le poète n'est plus le reflet d'un fait accompli. Plus
rien ne le mesure, ne le lie. La ville sereine, la ville
imperforée est devant lui.

LIV

Debout, croissant dans la durée, le poème, mys-
tère qui intronise. A l'écart, suivant l'allée de la
vigne commune, le poète, grand Commenceur, le
poète intransitif, quelconque en ses splendeurs intra-
veineuses, le poète tirant le malheur de son propre
abîme, avec la Femme à son côté s'informant du
raisin rare.

LV

Sans doute appartient-il à cet homme, de fond
en comble aux prises avec le Mal dont il connaît
le visage vorace et médullaire, de transformer le fait
fabuleux en fait historique. Notre conviction inquiète
ne doit pas le dénigrer mais l'interroger, nous, fer-
vents tueurs d'êtres réels dans la personne successive

de notre chimère. Magie médiate, imposture, il fait encore nuit, j'ai mal, mais tout fonctionne à nouveau.

L'évasion dans son semblable, avec d'immenses perspectives de poésie, sera peut-être un jour possible.

MISSION ET RÉVOCATION

Devant les précaires perspectives d'alchimie du dieu détruit — inaccompli dans l'expérience — je vous regarde, formes douées de vie, choses inouïes, choses quelconques, et j'interroge : « Commandement interne ? Sommation du dehors ? » La terre s'éjecte de ses parenthèses illettrées. Soleil et nuit dans un or identique parcourent et négocient l'espace-esprit, la chair-muraille. Le cœur s'évanouit... Ta réponse, connaissance, ce n'est plus la mort, université suspensive.

Feuillets d'Hypnos

(1943-1944)

A Albert Camus.

Hypnos saisit l'hiver et le vêtit de granit.
L'hiver se fit sommeil et Hypnos devint feu.
La suite appartient aux hommes.

Ces notes n'empruntent rien à l'amour de soi, à la nouvelle, à la maxime ou au roman. Un feu d'herbes sèches eût tout aussi bien été leur éditeur. La vue du sang supplicié en a fait une fois perdre le fil, a réduit à néant leur importance. Elles furent écrites dans la tension, la colère, la peur, l'émulation, le dégoût, la ruse, le recueillement furtif, l'illusion de l'avenir, l'amitié, l'amour. C'est dire combien elles sont affectées par l'événement. Ensuite plus souvent survolées que relues.

Ce carnet pourrait n'avoir appartenu à personne tant le sens de la vie d'un homme est sous-jacent à ses pérégrinations, et difficilement séparable d'un mimétisme parfois hallucinant. De telles tendances furent néanmoins combattues.

Ces notes marquent la résistance d'un humanisme conscient de ses devoirs, discret sur ses vertus, désirant réserver l'inaccessible champ libre à la fantaisie de ses soleils, et décidé à payer le prix pour cela.

I

Autant que se peut, enseigne à devenir efficace, pour le but à atteindre mais pas au delà. Au delà est fumée. Où il y a fumée il y a changement.

2

Ne t'attarde pas à l'ornière des résultats.

3

Conduire le réel jusqu'à l'action comme une fleur glissée à la bouche acide des petits enfants. Connaissance ineffable du diamant désespéré (la vie).

4

Être stoïque, c'est se figer, avec les beaux yeux de Narcisse. Nous avons recensé toute la douleur qu'éventuellement le bourreau pouvait prélever sur chaque pouce de notre corps; puis le cœur serré, nous sommes allés et avons fait face.

5

Nous n'appartenons à personne sinon au point d'or de cette lampe inconnue de nous, inaccessible à nous qui tient éveillés le courage et le silence.

6

L'effort du poète vise à transformer *vieux ennemis* en *loyaux adversaires*, tout lendemain fertile étant fonction de la réussite de projet, surtout là où s'élance, s'enlace, décline, est décimée toute la gamme des voiles où le vent des continents rend son cœur au vent des abîmes.

7

Cette guerre se prolongera au delà des armistices platoniques. L'implantation des concepts politiques se poursuivra contradictoirement, dans les convulsions et sous le couvert d'une hypocrisie sûre de ses droits. Ne souriez pas. Écartez le scepticisme et la résignation, et préparez votre âme mortelle en vue d'affronter intra-muros des démons glacés analogues aux génies microbiens.

8

Des êtres raisonnables perdent jusqu'à la notion de la durée probable de leur vie et leur équilibre quotidien lorsque l'instinct de conservation s'effondre en eux sous les exigences de l'instinct de propriété. Ils deviennent hostiles aux frissons de l'atmosphère et se soumettent sans retenue aux instances du mensonge et du mal. C'est sous une chute de grêle maléfique que s'effrite leur misérable condition.

9

Arthur le Fol, après les tâtonnements du début, participe maintenant, de toute sa forte nature décidée, à nos jeux de hasard. Sa fringale d'action doit se satisfaire de la tâche précise que je lui assigne. Il obéit et se limite, par crainte d'être tancé! Sans cela, Dieu sait dans quel guêpier final sa bravoure le ferait glisser! Fidèle Arthur, comme un soldat de l'ancien temps!

10

Toute l'autorité, la tactique et l'ingéniosité ne remplacent pas une parcelle de conviction au service de la vérité. Ce lieu commun, je crois l'avoir amélioré.

II

Mon frère l'Élagueur, dont je suis sans nou-
velles, se disait plaisamment un familier des chats de
Pompéi. Quand nous apprîmes la déportation de cet
être généreux, sa prison ne pouvait plus s'entr'ouvrir;
des chaînes défiaient son courage, l'Autriche le tenait.

12

Ce qui m'a mis au monde et qui m'en chassera
n'intervient qu'aux heures où je suis trop faible pour
lui résister. Vieille personne quand je suis né. Jeune
inconnue quand je mourrai.

La seule et même Passante.

13

Le temps vu à travers l'image est un temps
perdu de vue. L'être et le temps sont bien diffé-
rents. L'image scintille éternelle, quand elle a dépassé
l'être et le temps.

14

Je puis aisément me convaincre, après deux
essais concluants, que le voleur qui s'est glissé à notre
insu parmi nous est irrécupérable. Souteneur (il s'en

vante), d'une méchanceté de vermine, flancheur devant l'ennemi, s'ébrouant dans le compte rendu de l'horreur comme porc dans la fange ; rien à espérer, sinon les ennuis les plus graves, de la part de cet affranchi. Susceptible en outre d'introduire un vilain fluide ici.

Je ferai la chose moi-même.

15

Les enfants s'ennuient le dimanche. Passereau propose une semaine de vingt-quatre jours pour dépecer le dimanche. Soit une heure de dimanche s'ajoutant à chaque jour, de préférence, l'heure des repas, puisqu'il n'y a plus de pain sec.

Mais qu'on ne lui parle plus du dimanche.

16

L'intelligence avec l'ange, notre primordial souci.

(Ange, ce qui, à l'intérieur de l'homme, tient à l'écart du compromis religieux, la parole du plus haut silence, la signification qui ne s'évalue pas. Accordeur de poumons qui dore les grappes vitaminées de l'impossible. Connaît le sang, ignore le céleste. Ange : la bougie qui se penche au nord du cœur.)

17

J'ai toujours le cœur content de m'arrêter à Forcalquier, de prendre un repas chez les Bardouin [1], de serrer les mains de Marius l'imprimeur et de Figuière. Ce rocher de braves gens est la citadelle de l'amitié. Tout ce qui entrave la lucidité et ralentit la confiance est banni d'ici. Nous nous sommes épousés une fois pour toutes devant l'essentiel.

18

Remettre à plus tard la part imaginaire qui, elle aussi, est susceptible d'action.

19

Le poète ne peut pas longtemps demeurer dans la stratosphère du Verbe. Il doit se lover dans de nouvelles larmes et pousser plus avant dans son ordre.

20

Je songe à cette armée de fuyards aux appétits de dictature que reverront peut-être au pouvoir, dans

1. Les personnes citées le sont sous leur vrai nom, rétabli au mois de septembre 1944.

cet oublieux pays, ceux qui survivront à ce temps d'algèbre damnée.

21

Amer avenir, amer avenir, bal parmi les rosiers...

22

AUX PRUDENTS : Il neige sur le maquis et c'est contre nous chasse perpétuelle. Vous dont la maison ne pleure pas, chez qui l'avarice écrase l'amour, dans la succession des journées chaudes, votre feu n'est qu'un garde-malade. Trop tard. Votre cancer a parlé. Le pays natal n'a plus de pouvoirs.

23

Présent crénelé...

24

La France a des réactions d'épave dérangée dans sa sieste. Pourvu que les caréniers et les charpentiers qui s'affairent dans le camp allié ne soient pas de nouveaux naufrageurs!

Midi séparé du jour. Minuit retranché des hommes. Minuit au glas pourri, qu'une, deux, trois, quatre heures ne parviennent pas à bâillonner...

Le temps n'est plus secondé par les horloges dont les aiguilles s'entre-dévorent aujourd'hui sur le cadran de l'homme. Le temps, c'est du chiendent, et l'homme deviendra du sperme de chiendent.

Léon affirme que les chiens enragés sont beaux. Je le crois.

Il existe une sorte d'homme toujours en avance sur ses excréments.

Ce temps, par son allaitement très spécial, accélère la prospérité des canailles qui franchissent en se jouant les barrages dressés autrefois par la société contre elles. La même mécanique qui les stimule, les brisera-t-elle en se brisant, lorsque ses provisions hideuses seront épuisées?

(Et le moins possible de rescapés du haut mal.)

30

Archiduc me confie qu'il a découvert sa vérité quand il a épousé la Résistance. Jusque-là il était un acteur de sa vie frondeur et soupçonneux. L'insincérité l'empoisonnait. Une tristesse stérile peu à peu le recouvrait. Aujourd'hui *il aime*, il se dépense, il est engagé, il va nu, il provoque. J'apprécie beaucoup cet alchimiste.

31

J'écris brièvement. Je ne puis guère *m'absenter* longtemps. S'étaler conduirait à l'obsession. L'adoration des bergers n'est plus utile à la planète.

32

Un homme sans défauts est une montagne sans crevasses. Il ne m'intéresse pas.

(Règle de sourcier et d'inquiet.)

Rouge-gorge, mon ami, qui arriviez quand le parc était désert, cet automne votre chant fait s'ébouler des souvenirs que les ogres voudraient bien entendre.

Épouse et n'épouse pas ta maison.

Vous serez une part de la saveur du fruit.

Temps où le ciel recru pénètre dans la terre, où l'homme agonise entre deux mépris.

Révolution et contre-révolution se masquent pour à nouveau s'affronter.

Franchise de courte durée! Au combat des aigles succède le combat des pieuvres. Le génie de l'homme, qui pense avoir découvert les vérités formelles, accommode les vérités qui tuent en vérités qui *autorisent* à tuer. Parade des grands inspirés à rebours sur le front de l'univers cuirassé et pantelant! Cependant que les névroses collectives s'accusent dans l'œil des mythes et des symboles, l'homme psychique met la vie au supplice sans qu'il paraisse lui en coûter le moindre remords. La fleur *tracée*, la fleur hideuse, tourne ses pétales noirs dans la chair folle du soleil. Où êtes-vous source? Où êtes-vous remède? Économie vas-tu enfin changer?

38

Ils se laissent choir de toute la masse de leurs préjugés ou ivres de l'ardeur de leurs faux principes. Les associer, les exorciser, les alléger, les muscler, les assouplir, puis les convaincre qu'à partir d'un certain point l'importance des idées reçues est extrêmement relative et qu'en fin de compte « l'affaire » est une affaire de vie et de mort et non de nuances à faire prévaloir au sein d'une civilisation dont le naufrage risque de ne pas laisser de trace sur l'océan de la destinée, c'est ce que je m'efforce de faire approuver autour de moi.

39

Nous sommes écartelés entre l'avidité de connaître et le désespoir d'avoir connu. L'aiguillon ne renonce pas à sa cuisson et nous à notre espoir.

40

Discipline, comme tu saignes !

41

S'il n'y avait pas parfois l'étanchéité de l'ennui, le cœur s'arrêterait de battre.

42

Entre les deux coups de feu qui décidèrent de son destin, il eut le temps d'appeler une mouche : « Madame ».

43

Bouche qui décidiez si ceci était hymen ou deuil, poison ou breuvage, beauté ou maladie, que sont devenues l'amertume et son aurore la douceur ? Tête hideuse qui s'exaspère et se corrompt !

44

Amis, la neige attend la neige pour un travail simple et pur, à la limite de l'air et de la terre.

45

Je rêve d'un pays festonné, bienveillant, irrité soudain par les travaux des sages en même temps qu'ému par le zèle de quelques dieux, aux abords des femmes.

46

L'acte est vierge, même répété.

47

Martin de Reillanne nous appelle : les catimini.

48

Je n'ai pas peur. J'ai seulement le vertige. Il me faut réduire la distance entre l'ennemi et moi. L'affronter *horizontalement*.

49

Ce qui peut séduire dans le néant éternel c'est que le plus beau jour y soit indifféremment celui-ci ou tel autre.

(Coupons cette branche. Aucun essaim ne viendra s'y pendre.)

Face à tout, A TOUT CELA, un colt, promesse
de soleil levant!

L'arracher à sa terre d'origine. Le replanter
dans le sol présumé harmonieux de l'avenir, compte
tenu d'un succès inachevé. Lui faire toucher le pro-
grès sensoriellement. Voilà le secret de mon *habileté*.

« Les souris de l'enclume. » Cette image m'au-
rait paru charmante autrefois. Elle suggère un
essaim d'étincelles décimé en son éclair. (L'enclume
est froide, le fer pas rouge, l'imagination dévastée.)

Le mistral qui s'était levé ne facilitait pas les
choses. A mesure que les heures s'écoulaient, ma
crainte augmentait, à peine raffermie par la pré-
sence de Cabot guettant sur la route le passage des
convois et leur arrêt éventuel pour développer une
attaque contre nous. La première caisse explosa en
touchant le sol. Le feu activé par le vent se commu-

niqua au bois et fit rapidement tache sur l'horizon. L'avion modifia légèrement son cap et effectua un second passage. Les cylindres au bout des soies multicolores s'égaillèrent sur une vaste étendue. Des heures nous luttâmes au milieu d'une infernale clarté, notre groupe scindé en trois : une partie face au feu, pelles et haches s'affairant, la seconde, lancée à découvrir armes et explosifs épars, les amenant à port de camion, la troisième constituée en équipe de protection. Des écureuils affolés, de la cime des pins, sautaient dans le brasier, comètes minuscules.

L'ennemi nous l'évitâmes de justesse. L'aurore nous surprit plus tôt que lui.

(Prends garde à l'anecdote. C'est une gare où le chef de gare déteste l'aiguilleur!)

54

Étoiles du mois de mai...

Chaque fois que je lève les yeux vers le ciel, la nausée écroule ma mâchoire. Je n'entends plus, montant de la fraîcheur de mes souterrains *le gémir du plaisir*, murmure de la femme entr'ouverte. Une cendre de cactus préhistoriques fait voler mon désert en éclats! Je ne suis plus *capable* de mourir...

Cyclone, cyclone, cyclone...

55

N'étant jamais définitivement modelé, l'homme est receleur de son contraire. Ses cycles dessinent des orbes différents selon qu'il est en butte à telle sollicitation ou non. Et les dépressions mystérieuses, les inspirations absurdes, surgies du grand externat crématoire, comment se contraindre à les ignorer? Ah! circuler généreusement sur les saisons de l'écorce, tandis que l'amande palpite, libre...

56

Le poème est ascension furieuse; la poésie, le jeu des berges arides.

57

La source est roc et la langue est tranchée.

58

Parole, orage, glace et sang finiront par former un givre commun.

59

Si l'homme parfois ne fermait pas *souverainement* les yeux, il finirait par ne plus voir ce qui vaut d'être regardé.

60

Ensoleiller l'imagination de ceux qui bégaient au lieu de parler, qui rougissent à l'instant d'affirmer. Ce sont de fermes partisans.

61

Un officier, venu d'Afrique du Nord, s'étonne que mes « bougres de maquisards », comme il les appelle, s'expriment dans une langue dont le sens lui échappe, son oreille étant rebelle « au parler des images ». Je lui fais remarquer que l'argot n'est que pittoresque alors que la langue qui est ici en usage est due à l'émerveillement communiqué par les êtres et les choses dans l'intimité desquels nous vivons continuellement.

62

Notre héritage n'est précédé d'aucun testament.

63

On ne se bat bien que pour les causes qu'on modèle soi-même et avec lesquelles on se brûle en s'identifiant.

64

« Que fera-t-on de nous, *après?* » C'est la question qui préoccupe Minot dont les dix-sept ans ajoutent : « Moi, je redeviendrai peut-être le mauvais sujet que j'étais à quinze ans... » Cet enfant trop uniment porté par l'exemple de ses camarades, dont la bonne volonté est trop impersonnellement identique à la leur, ne se penche jamais sur lui-même. Actuellement c'est ce qui le sauve. Je crains *qu'après* il ne retourne à ses charmants lézards dont l'insouci est guetté par les chats...

65

La qualité des résistants n'est pas, hélas, partout la même! A côté d'un Joseph Fontaine, d'une rectitude et d'une teneur de sillon, d'un François Cuzin, d'un Claude Dechavannes, d'un André Grillet, d'un Marius Bardouin, d'un Gabriel Besson, d'un docteur Jean Roux, d'un Roger Chaudon aménageant le silo à blé d'Oraison en forteresse des périls, combien d'insaisissables saltimbanques plus soucieux de jouir que de produire! A prévoir que ces coqs du néant nous timbreront aux oreilles, la Libération venue...

66

Si je consens à cette appréhension qui commande à la vie sa lâcheté, je mets aussitôt au monde une foule d'amitiés formelles qui volent à mon secours.

67

Armand, le météo, définit sa fonction : le service énigmatique.

68

Lie dans le cerveau : à l'est du Rhin. Gabegie morale : de ce côté-ci.

69

Je vois l'homme perdu de perversions politiques, confondant action et expiation, nommant conquête son anéantissement.

70

L'alcool silencieux des démons.

71

Nuit, de toute la vitesse du boomerang taillé dans nos os, et qui siffle, siffle...

72

Agir en primitif et prévoir en stratège.

73

A en croire le sous-sol de l'herbe où chantait un couple de grillons cette nuit, la vie prénatale devait être très douce.

74

Solitaire et multiple. Veille et sommeil comme une épée dans son fourreau. Estomac aux aliments séparés. Altitude de cierge.

75

Assez déprimé par cette ondée (Londres) éveillant tout juste la nostalgie du secours.

76

A Carlate qui divaguait, j'ai dit : « Quand vous serez mort, vous vous occuperez des choses de la mort. Nous ne serons plus avec vous. Nous n'avons déjà pas assez de toutes nos ressources pour régler notre ouvrage et percevoir ses faibles résultats. Je ne veux pas que de la brume pèse sur nos chemins parce que les nuées étouffent vos sommets. L'heure est propice aux métamorphoses. Mettez-la à profit ou allez-vous-en. »

(Carlate est sensible à la rhétorique solennelle. C'est un désespéré sonore, un infra-rouge gras.)

77

Comment se cacher de ce qui *doit* s'unir à vous ? (Déviation de la modernité.)

78

Ce qui importe le plus dans certaines situations c'est de maîtriser à temps l'euphorie.

79

Je remercie la chance qui a permis que les braconniers de Provence se battent dans notre camp. La mémoire sylvestre des ces primitifs, leur aptitude pour le calcul, leur flair aigu par tous les temps, je serais surpris qu'une défaillance survînt de ce côté. Je veillerai à ce qu'ils soient chaussés comme des dieux!

80

Nous sommes des malades sidéraux incurables auxquels la vie sataniquement donne l'illusion de la santé. Pourquoi? Pour dépenser la vie et railler la santé?

(Je dois combattre mon penchant pour ce genre de pessimisme atonique, héritage intellectuel...)

81

L'acquiescement éclaire le visage. Le refus lui donne la beauté.

Sobres amandiers, oliviers batailleurs et rêveurs, sur l'éventail du crépuscule, postez notre étrange santé.

Le poète, conservateur des infinis visages du vivant.

C'est mettre à vif son âme que de rebrousser chemin dans son intimité avec un être, en même temps qu'on assume sa perfection. Ligoté, involontaire, j'éprouve cette fatalité et demande pardon à cet être.

Curiosité glacée. Évaluation sans objet.

Les plus pures récoltes sont semées dans un sol qui n'existe pas. Elles éliminent la gratitude et ne doivent qu'au printemps.

LS [1], je vous remercie pour l'homodépôt Durance 12. Il entre en fonction dès cette nuit. Vous veillerez à ce que la jeune équipe affectée au terrain ne se laisse pas entraîner à apparaître trop souvent dans les rues de Duranceville. Filles et cafés dangereux plus d'une minute. Cependant ne tirez pas trop sur la bride. Je ne veux pas de mouchard dans l'équipe. Hors du réseau, qu'on ne communique pas. Stoppez vantardise. Vérifiez à deux sources corps renseignements. Tenez compte cinquante pour cent romanesque dans la plupart des cas. Apprenez à vos hommes à prêter attention, à rendre compte exactement, à savoir poser l'arithmétique des situations. Rassemblez les rumeurs et faites synthèse. Point de chute et boîte à lettres chez l'ami des blés. Éventualité opération Waffen, camp des étrangers, les Mées, avec débordement sur Juifs et Résistance. Républicains espagnols très en danger. Urgent que vous les préveniez. Quant à vous, évitez le combat. Homodépôt sacré. Si alerte, dispersez-vous. Sauf pour délivrer camarade capturé, ne donnez jamais à l'ennemi signe d'existence. Interceptez suspects. Je fais confiance à votre discernement. Le camp ne sera jamais montré. Il n'existe pas de camp, mais des charbonnières qui ne fument pas. Aucun linge d'étendu au passage des avions, et tous les hommes sous les arbres et dans le taillis. Personne ne viendra

1. Léon Zyngerman, alias Léon Saingermain.

vous voir de ma part, l'ami des blés et le Nageur exceptés. Avec les hommes de l'équipe soyez rigoureux et attentionné. Amitié ouate discipline. Dans le travail, faites toujours quelques kilos de plus que chacun, sans en tirer orgueil. Mangez et fumez visiblement moins qu'eux. N'en préférez aucun à un autre. N'admettez qu'un mensonge improvisé et gratuit. Qu'ils ne s'appellent pas de loin. Qu'ils tiennent leur corps et leur literie propres. Qu'ils apprennent à chanter bas et à ne pas siffler d'air obsédant, à dire telle qu'elle s'offre la vérité. La nuit, qu'ils marchent en bordure des sentiers. Suggérez les précautions; laissez-leur le mérite de les découvrir. Émulation excellente. Contrariez les habitudes monotones. Inspirez celles que vous ne voulez pas trop tôt voir mourir. Enfin, aimez au même moment qu'eux les êtres qu'ils aiment. Additionnez, ne divisez pas. Tout va bien ici. Affections. HYPNOS.

88

Comment m'entendez-vous? Je parle de si loin...

89

François exténué par cinq nuits d'alertes successives, me dit : « J'échangerais bien mon sabre contre un café! » François a vingt ans.

On donnait jadis un nom aux diverses tranches de la durée : ceci était un jour, cela un mois, cette église vide, une année. Nous voici abordant la seconde où la mort est la plus violente et la vie la mieux définie.

Nous errons auprès de margelles dont on a soustrait les puits.

Tout ce qui a le visage de la colère et n'élève pas la voix.

Le combat de la persévérance.

La symphonie qui nous portait s'est tue. Il faut croire à l'alternance. Tant de mystères n'ont pas été pénétrés ni détruits.

Ce matin, comme j'examinais un tout petit serpent qui se glissait entre deux pierres : « L'orvet du deuil », s'est écrié Félix. La disparition de Lefèvre, tué la semaine passée, affleure superstitieusement en image.

95

Les ténèbres du Verbe m'engourdissent et m'immunisent. Je ne participe pas à l'agonie féerique. D'une sobriété de pierre, je demeure la mère de lointains berceaux.

96

Tu ne peux pas te relire mais tu peux signer.

97

L'avion déboule. Les pilotes invisibles se délestent de leur jardin nocturne puis pressent un feu bref sous l'aisselle de l'appareil pour avertir que c'est fini. Il ne reste plus qu'à rassembler le trésor éparpillé. De même le poète...

98

La ligne de vol du poème. Elle devrait être *sensible* à chacun.

99

Tel un perdreau mort, m'est apparu ce pauvre infirme que les Miliciens ont assassiné à Vachères après l'avoir dépouillé des hardes qu'il possédait, l'accusant d'héberger des réfractaires. Les bandits avant de l'achever jouèrent longtemps avec une fille qui prenait part à leur expédition. Un œil arraché, le thorax défoncé, l'innocent absorba cet enfer et LEURS RIRES.

(Nous avons capturé la fille.)

100

Nous devons surmonter notre rage et notre dégoût, nous devons les faire partager, afin d'élever et d'élargir notre action comme notre morale.

101

Imagination, mon enfant.

102

La mémoire est sans action sur le souvenir. Le souvenir est sans force contre la mémoire. Le bonheur ne *monte* plus.

103

Un mètre d'entrailles pour mesurer nos chances.

104

Les yeux seuls sont encore capables de pousser un cri.

L'esprit, de long en large, comme cet insecte qui aussitôt la lampe éteinte gratte la cuisine, bouscule le silence, triture les saletés.

Devoirs infernaux.

On ne fait pas un lit aux larmes comme à un visiteur de passage.

Pouvoirs passionnés et règles d'action.

Toute la masse d'arôme de ces fleurs pour rendre sereine la nuit qui tombe sur nos larmes.

L'éternité n'est guère plus longue que la vie.

111

La lumière a été chassée de nos yeux. Elle est enfouie quelque part dans nos os. A notre tour nous la chassons pour lui restituer sa couronne.

112

Le timbre paradisiaque de l'autorisation cosmique.

(Au plus étroit de ma nuit, que cette grâce me soit accordée, bouleversante et significative plus encore que ces signes perçus d'une telle hauteur qu'il n'est nul besoin de les conjecturer.)

113

Être le familier de ce qui ne se produira pas, dans une religion, une insensée solitude, mais dans cette suite d'impasses sans *nourriture* où tend à se perdre le visage aimé.

114

Je n'écrirai pas de poème d'acquiescement.

115

Au jardin des Oliviers, qui était en surnombre?

116

Ne pas tenir compte outre mesure de la dupli-
cité qui se manifeste dans les êtres. En réalité, le
filon est sectionné en de multiples endroits. Que ceci
soit stimulant plus que sujet d'irritation.

117

Claude me dit : « Les femmes sont les reines de
l'absurde. Plus un homme s'engage avec elles, plus
elles compliquent cet engagement. Du jour où je
suis devenu « partisan », je n'ai plus été malheureux
ni déçu... »
Il sera toujours temps d'apprendre à Claude
qu'on ne taille pas dans sa vie sans se couper.

118

Femme de punition.
Femme de résurrection.

Je pense à la femme que j'aime. Son visage soudain s'est masqué. Le vide est à son tour malade.

Vous tendez une allumette à votre lampe et ce qui s'allume n'éclaire pas. C'est loin, très loin de vous, que le cercle illumine.

J'ai visé le lieutenant et Esclabesang le colonel. Les genêts en fleurs nous dissimulaient derrière leur vapeur jaune flamboyante. Jean et Robert ont lancé les gammons. La petite colonne ennemie a immédiatement battu en retraite. Excepté le mitrailleur, mais il n'a pas eu le temps de devenir dangereux : son ventre a éclaté. Les deux voitures nous ont servi à filer. La serviette du colonel était pleine d'intérêt.

Fontaine-la-pauvre, fontaine somptueuse.
(La marche nous a scié les reins, excavé la bouche.)

Dans ces jeunes hommes, un émouvant appétit de conscience. Nulle trace des étages montés et descendus si souvent par leurs pères. Ah! pouvoir les mettre dans le droit chemin de la condition humaine, celle dont on ne craindra pas qu'il faille un jour la réhabiliter. Mais Dieu se tenant à l'écart de nos querelles et l'étau des origines sentant ses pouvoirs lui échapper, il faudra exiger des experts nouveaux une ampleur de pensée et une minutie d'application dont je ne saisis pas les présages.

124

LA FRANCE-DES-CAVERNES

125

Mettre en route l'intelligence sans le secours des cartes d'état-major.

126

Entre la réalité et son exposé, il y a ta vie qui magnifie la réalité, et cette abjection nazie qui ruine son exposé.

127

Viendra le temps où les nations sur la marelle de l'univers seront aussi étroitement dépendantes les unes des autres que les organes d'un même corps, solidaires en son économie.

Le cerveau, plein à craquer de machines, pourra-t-il encore garantir l'existence du mince ruisselet de rêve et d'évasion? L'homme, d'un pas de somnambule, marche vers les mines meurtrières, conduit par le chant des inventeurs....

128

Le boulanger n'avait pas encore dégrafé les rideaux de fer de sa boutique que déjà le village était assiégé, bâillonné, hypnotisé, mis dans l'impossibilité de bouger. Deux compagnies de SS et un détachement de miliciens le tenaient sous la gueule de leurs mitrailleuses et de leurs mortiers. Alors commença l'épreuve.

Les habitants furent jetés hors des maisons et sommés de se rassembler sur la place centrale. Les clés sur les portes. Un vieux, dur d'oreille, qui ne tenait pas compte assez vite de l'ordre, vit les quatre murs et le toit de sa grange voler en morceaux sous l'effet d'une bombe. Depuis quatre heures j'étais éveillé. Marcelle était venue à mon volet me chuchoter l'alerte. J'avais reconnu immédiatement l'inutilité d'essayer de franchir le cordon de surveillance et de gagner la campagne. Je changeai rapidement de logis. La maison inhabitée où je me réfugiai autorisait, à toute extrémité, une résistance armée efficace. Je pouvais suivre de la fenêtre, derrière les rideaux jaunis, les allées et venues nerveuses des occupants. Pas un des miens n'était présent au village. Cette pensée me rassura. A quelques kilomètres de là, ils suivraient mes consignes et resteraient tapis. Des coups me parvenaient, ponctués d'injures. Les SS avaient surpris un jeune maçon qui revenait de relever des collets. Sa frayeur le désigna à leurs tortures. Une voix se penchait hurlante sur le corps tuméfié : « Où est-il ? Conduis-nous. », suivie de silence. Et coups de pieds et coups de crosses de pleuvoir. Une rage insensée s'empara de moi, chassa mon angoisse. Mes mains communiquaient à mon arme leur sueur crispée, exaltaient sa puissance contenue. Je calculais que le malheureux se tairait encore cinq minutes, puis, fatalement, il *parlerait*. J'eus honte de souhaiter sa mort avant cette échéance. Alors apparut jaillissant de chaque rue la marée des femmes, des enfants, des vieillards, se rendant au lieu de rassemblement, suivant un *plan concerté*. Ils se hâtaient sans hâte, ruisselant littéralement sur les SS, les paralysant « en toute bonne foi ». Le maçon fut laissé pour mort. Furieuse, la patrouille se fraya un chemin à travers la foule et porta ses pas plus loin. Avec une prudence infinie, maintenant des yeux anxieux et bons regardaient dans ma direction, passaient comme un jet de lampe sur ma fenêtre. Je me découvris à moitié et un sourire se détacha de ma pâleur. Je tenais à ces êtres par mille fils confiants dont pas un ne devait se rompre.

J'ai aimé farouchement mes semblables cette journée-là, bien au delà du sacrifice [1].

129

Nous sommes pareils à ces crapauds qui dans l'austère nuit des marais s'appellent et ne se voient pas, ployant à leur cri d'amour toute la fatalité de l'univers.

130

J'ai confectionné avec des déchets de montagnes des hommes qui embaumeront quelque temps les glaciers.

131

A tous les repas pris en commun, nous invitons la liberté à s'asseoir. La place demeure vide mais le couvert reste mis.

132

Il semble que l'imagination qui hante à des degrés divers l'esprit de toute créature soit pressée

---

1. N'était-ce pas le hasard qui m'avait choisi pour prince plutôt que le cœur mûri pour moi de ce village ? (1945.)

de se séparer d'elle quand celle-ci ne lui propose
que « l'impossible » et « l'inaccessible » pour extrême
mission. Il faut admettre que la poésie n'est pas
partout souveraine.

133

« Les œuvres de bienfaisance devront être main-
tenues parce que l'homme n'est pas bienfaisant. »
Sottise. Ah! pauvreté sanglante.

134

Nous sommes pareils à ces poissons retenus vifs
dans la glace des lacs de montagne. La matière et
la nature semblent les protéger cependant qu'elles
limitent à peine la chance du pêcheur.

135

Il ne faudrait pas aimer les hommes pour leur
être d'un réel secours. Seulement désirer rendre
meilleure telle expression de leur regard lorsqu'il se
pose sur plus appauvri qu'eux, prolonger d'une
seconde telle minute agréable de leur vie. A partir
de cette démarche et chaque racine traitée, leur res-
piration se ferait plus sereine. Surtout ne pas entiè-
rement leur supprimer ces sentiers pénibles, à l'effort
desquels succède l'évidence de la vérité à travers
pleurs et fruits.

136

La jeunesse tient la bêche. Ah! qu'on ne l'en dessaisisse pas!

137

Les chèvres sont à la droite du troupeau. (Il est bien que la ruse côtoie l'innocence quand le berger est bon, le chien est sûr.)

138

Horrible journée! J'ai assisté, distant de quelque cent mètres, à l'exécution de B. Je n'avais qu'à presser la détente du fusil-mitrailleur et il pouvait être sauvé! Nous étions sur les hauteurs dominant Céreste, des armes à faire craquer les buissons et au moins égaux en nombre aux SS. Eux ignorant que nous étions là. Aux yeux qui imploraient partout autour de moi le signal d'ouvrir le feu, j'ai répondu non de la tête... Le soleil de juin glissait un froid polaire dans mes os.

Il est tombé comme s'il ne distinguait pas ses bourreaux et si léger, il m'a semblé, que le moindre souffle de vent eût dû le soulever de terre.

Je n'ai pas donné le signal parce que ce village devait être épargné *à tout prix*. Qu'est-ce qu'un village? Un village pareil à un autre? Peut-être l'a-t-il su, lui, à cet ultime instant?

C'est l'enthousiasme qui soulève le poids des années. C'est la supercherie qui relate la fatigue du siècle.

La vie commencerait par une explosion et finirait par un concordat? C'est absurde.

La contre-terreur c'est ce vallon que peu à peu le brouillard comble, c'est le fugace bruissement des feuilles comme un essaim de fusées engourdies, c'est cette pesanteur bien répartie, c'est cette circulation ouatée d'animaux et d'insectes tirant mille traits sur l'écorce tendre de la nuit, c'est cette graine de luzerne sur la fossette d'un visage caressé, c'est cet incendie de la lune qui ne sera jamais un incendie, c'est un lendemain minuscule dont les intentions nous sont inconnues, c'est un buste aux couleurs vives qui s'est plié en souriant, c'est l'ombre, à quelques pas, d'un bref compagnon accroupi qui pense que le cuir de sa ceinture va céder... Qu'importe alors l'heure et le lieu où le diable nous a fixé rendez-vous!

142

Le temps des monts enragés et de l'amitié fantastique.

143

ÈVE-DES-MONTAGNES. Cette jeune femme dont la vie insécable avait l'exacte dimension du cœur de notre nuit.

144

Comme se sont piqués tes vieux os de papillon!

145

Du bonheur qui n'est que de l'anxiété différée. Du bonheur bleuté, d'une insubordination admirable, qui s'élance du plaisir, pulvérise le présent et toutes ses instances.

146

Roger était tout heureux d'être devenu dans l'estime de sa jeune femme le mari-qui-cachait-dieu.

Je suis passé aujourd'hui au bord du champ de tournesols dont la vue l'inspirait. La sécheresse courbait la tête des admirables, des insipides fleurs. C'est à quelques pas de là que son sang a coulé, au pied d'un vieux mûrier, sourd de toute l'épaisseur de son écorce.

147

Serons-nous plus tard semblables à ces cratères où les volcans ne viennent plus et où l'herbe jaunit sur sa tige?

148

« Le voilà! » Il est deux heures du matin. L'avion a vu nos signaux et réduit son altitude. La brise ne gênera pas la descente en parachute du visiteur que nous attendons. La lune est d'étain vif et de sauge. « L'école des poètes du tympan », chuchote Léon qui a toujours le mot de la situation.

149

Mon bras plâtré me fait souffrir. Le cher docteur Grand Sec s'est débrouillé à merveille malgré l'enflure. Chance que mon subconscient ait dirigé ma chute avec tant d'à-propos. Sans cela la grenade que je tenais dans la main, dégoupillée, risquait fort d'éclater. Chance que les feldgendarmes n'aient rien entendu, grâce au moteur de leur camion qui tournait. Chance que je n'aie pas perdu connaissance avec ma tête en pot de géranium... Mes camarades me complimentent sur ma présence d'esprit. Je les persuade difficilement que mon mérite est nul. Tout s'est passé en dehors de moi. Au bout des huit mètres de chute j'avais l'impression d'être un panier d'os disloqués. Il n'en a presque rien été heureusement.

150

C'est un étrange sentiment que celui de fixer le destin de certains êtres. Sans votre intervention, la médiocre table tournante de la vie n'aurait pas autrement regimbé. Tandis que les voici livrés à la grande conjoncture pathétique...

151

Réponds « absent » toi-même, sinon tu risques de ne pas être compris.

152

Le silence du matin. L'appréhension des couleurs. La *chance* de l'épervier.

153

Je m'explique mieux aujourd'hui ce besoin de simplifier, de faire entrer tout dans un, à l'instant de décider si telle chose doit avoir lieu ou non. L'homme s'éloigne à regret de son labyrinthe. Les mythes millénaires le pressent de ne pas partir.

154

Le poète, susceptible d'exagération, évalue correctement dans le supplice.

155

J'aime ces êtres tellement épris de ce que leur cœur imagine la liberté qu'ils s'immolent pour éviter au peu de liberté de mourir. Merveilleux mérite du peuple. (Le libre arbitre n'existerait pas. L'être se définirait par rapport à ses cellules, à son hérédité, à la course brève ou prolongée de son destin... Cependant il existe entre *tout cela* et l'Homme une enclave d'inattendus et de métamorphoses dont il faut défendre l'accès et assurer le maintien.)

156

Accumule, puis distribue. Sois la partie du miroir de l'univers la plus dense, la plus utile et la moins apparente.

157

Nous sommes tordus de chagrin à l'annonce de la mort de Robert G. (Émile Cavagni), tué dans une embuscade à Forcalquier, dimanche. Les Allemands m'enlèvent mon meilleur frère d'action, celui dont le coup de pouce faisait dévier les catastrophes, dont la présence ponctuelle avait une portée déterminante sur les défaillances possibles de chacun. Homme sans culture théorique mais grandi dans les difficultés, d'une bonté au beau fixe, son diagnostic était sans défaut. Son comportement était instruit d'audace attisante et de sagesse. Ingénieux, il menait ses avantages jusqu'à leur extrême conséquence. Il portait ses quarante-cinq ans verticalement, tel un arbre de la liberté. Je l'aimais sans effusion, sans pesanteur inutile. Inébranlablement.

158

Nous découvrons, à l'évoquer, des ailes adaptables, des sourires sans rancune, au bagne vulgaire des voleurs et des assassins. L'Homme-au-poing-de-cancer, le grand Meurtrier interne a innové en notre faveur.

159

Une si étroite affinité existe entre le coucou et les êtres furtifs que nous sommes devenus, que cet oiseau si peu visible, ou qui revêt un grisâtre anonymat lorsqu'il traverse la vue, en écho à son chant écartelant, nous arrache un long frisson.

Rosée des hommes qui trace et dissimule ses frontières entre le point du jour et l'émersion du soleil, entre les yeux qui s'ouvrent et le cœur qui se souvient.

Tiens vis-à-vis des autres ce que tu t'es promis à toi seul. Là est ton contrat.

Voici l'époque où le poète sent se dresser en lui cette méridienne force d'*ascension*.

Chante ta soif irisée.

Fidèles et démesurément vulnérables, nous opposons la conscience de l'événement au gratuit (encore un mot de déféqué).

165

Le fruit est aveugle. C'est l'arbre qui voit.

166

Pour qu'un héritage soit réellement grand, il faut que la main du défunt ne se voie pas.

167

Ketty, la chienne, prend autant de plaisir que nous à réceptionner. Elle va de l'un à l'autre sans aboyer, en connaissance hardie de la chose. Le travail terminé, elle s'étale heureuse sur la dune des parachutes et s'endort.

168

Résistance n'est qu'espérance. Telle la lune d'Hypnos, pleine cette nuit de tous ses quartiers, demain vision sur le passage des poèmes.

169

La lucidité est la blessure la plus rapprochée du soleil.

Les rares moments de liberté sont ceux durant lesquels l'inconscient se fait conscient et le conscient néant (ou verger fou).

Les cendres du froid sont dans le feu qui chante le refus.

Je plains celui qui fait payer à autrui ses propres dettes en les aggravant du prestige de la fausse vacuité.

Il en va de certaines femmes comme des vagues de la mer. En s'élançant de toute leur jeunesse elles franchissent un rocher trop élevé pour leur retour. Cette flaque désormais croupira là, prisonnière, belle par éclair, à cause des cristaux de sel qu'elle renferme et qui lentement se substituent à son vivant.

174

La perte de la vérité, l'oppression de cette ignominie dirigée qui s'intitule *bien* (le mal, non dépravé, inspiré, fantasque est utile) a ouvert une plaie au flanc de l'homme que seul l'espoir du grand lointain informulé (le vivant inespéré) atténue. Si l'absurde est maître ici-bas, je choisis l'absurde, l'antistatique, celui qui me rapproche le plus des chances pathétiques. Je suis homme de berges — creusement et inflammation — ne pouvant l'être toujours de torrent.

175

Le peuple des prés m'enchante. Sa beauté frêle et dépourvue de venin, je ne me lasse pas de me la réciter. Le campagnol, la taupe, sombres enfants perdus dans la chimère de l'herbe, l'orvet, fils du verre, le grillon, moutonnier comme pas un, la sauterelle qui claque et compte son linge, le papillon qui simule l'ivresse et agace les fleurs de ses hoquets silencieux, les fourmis assagies par la grande étendue verte, et immédiatement au-dessus les météores hirondelles...

Prairie, vous êtes le boîtier du jour.

176

Depuis le baiser dans la montagne, le temps se guide sur l'été doré de ses mains et le lierre oblique.

Les enfants réalisent ce miracle adorable de
demeurer des enfants et de voir par nos yeux.

La reproduction en couleurs du *Prisonnier* de
Georges de La Tour que j'ai piquée sur le mur de
chaux de la pièce où je travaille, semble, avec le
temps, réfléchir son sens dans notre condition. Elle
serre le cœur mais combien désaltère! Depuis deux
ans, pas un réfractaire qui n'ait, passant la porte,
brûlé ses yeux aux preuves de cette chandelle. La
femme explique, l'emmuré écoute. Les mots qui
tombent de cette terrestre silhouette d'ange rouge
sont des mots essentiels, des mots qui portent immé-
diatement secours. Au fond du cachot, les minutes
de suif de la clarté tirent et diluent les traits de
l'homme assis. Sa maigreur d'ortie sèche, je ne vois
pas un souvenir pour la faire frissonner. L'écuelle
est une ruine. Mais la robe gonflée emplit soudain
tout le cachot. Le Verbe de la femme donne nais-
sance à l'inespéré mieux que n'importe quelle aurore.
Reconnaissance à Georges de La Tour qui maî-
trisa les ténèbres hitlériennes avec un dialogue d'êtres
humains.

179

Venez à nous qui chancelons d'insolation, sœur sans mépris, ô nuit!

180

C'est l'heure où les fenêtres s'échappent des maisons pour s'allumer au bout du monde où va poindre notre monde.

181

J'envie cet enfant qui se penche sur l'écriture du soleil, puis s'enfuit vers l'école, balayant de son coquelicot pensums et récompenses.

182

Lyre pour des monts internés.

183

Nous nous battons sur le pont jeté entre l'être vulnérable et son ricochet aux sources du pouvoir formel.

184

Guérir le pain. Attabler le vin.

185

Quelquefois mon refuge est le mutisme de Saint-Just à la séance de la Convention du 9 Thermidor. Je comprends, oh combien, la *procédure* de ce silence, les volets de cristal à jamais tirés sur la *communication*.

186

Sommes-nous voués à n'être que des débuts de vérité?

187

L'action qui a un sens pour les vivants n'a de valeur que pour les morts, d'achèvement que dans les consciences qui en héritent et la questionnent.

188

Entre le monde de la réalité et moi, il n'y a plus aujourd'hui d'épaisseur triste.

Combien confondent révolte et humeur, filia-
tion et inflorescence du sentiment. Mais aussitôt que
la vérité trouve un ennemi à sa taille, elle dépose
l'armure de l'ubiquité et se bat avec les ressources
mêmes de sa condition. Elle est indicible la sensa-
tion de cette profondeur qui se volatilise en se concré-
tisant.

Inexorable étrangeté! D'une vie mal défendue,
rouler jusqu'aux dés vifs du bonheur.

L'heure la plus droite c'est lorsque l'amande
jaillit de sa rétive dureté et transpose ta solitude.

Je vois l'espoir, veine d'un fluvial lendemain,
décliner dans le geste des êtres qui m'entourent. Les
visages que j'aime dépérissent dans les mailles d'une
attente qui les ronge comme un acide. Ah, que nous
sommes peu aidés et mal encouragés! La mer et son
rivage, ce pas visible, sont un tout scellé par l'ennemi,

gisant au fond de la même pensée, moule d'une matière où entrent, à part égale, la rumeur du désespoir et la certitude de résurrection.

193

L'insensibilité de notre sommeil est si complète que le galop du moindre rêve ne parvient pas à le traverser, à le rafraîchir. Les chances de la mort sont submergées par une inondation d'absolu telle qu'y penser suffit à faire perdre la tentation de la vie qu'on appelle, qu'on supplie. Il faut beaucoup nous aimer, cette fois encore, respirer plus fort que le poumon du bourreau.

194

Je me fais violence pour conserver, malgré mon humeur, ma voix d'encre. Aussi, est-ce d'une plume à bec de bélier, sans cesse éteinte, sans cesse rallumée, ramassée, tendue et d'une haleine, que j'écris ceci, que j'oublie cela. Automate de la vanité? Sincèrement non. Nécessité de contrôler l'évidence, de la faire créature.

195

Si j'en réchappe, je sais que je devrai rompre avec l'arôme de ces années essentielles, rejeter (non refouler) silencieusement loin de moi mon trésor, me reconduire jusqu'au principe du comportement le plus indigent comme au temps où je me cherchais sans jamais accéder à la prouesse, dans une insatisfaction nue, une connaissance à peine entrevue et une humilité questionneuse.

196

Cet homme autour duquel tourbillonnera un moment ma sympathie *compte* parce que son empressement à servir coïncide avec tout un halo favorable et mes projets à son égard. Dépêchons-nous d'œuvrer ensemble avant que ce qui nous fait converger l'un vers l'autre ne tourne inexplicablement à l'hostile.

197

Être du bond. N'être pas du festin, son épilogue.

198

Si la vie pouvait n'être que du sommeil désappointé...

199

Il y a deux âges pour le poète : l'âge durant lequel la poésie, à tous égards, le maltraite, et celui où elle se laisse follement embrasser. Mais aucuu n'est entièrement défini. Et le second n'est pas souverain.

200

C'est quand tu es ivre de chagrin que tu n'as plus du chagrin que le cristal.

201

Le chemin du secret danse à la chaleur.

202

La présence du désir comme celle du dieu ignore le philosophe. En revanche le philosophe châtie.

203

J'ai vécu aujourd'hui la minute du pouvoir et de l'invulnérabilité absolus. J'étais une ruche qui s'envolait aux sources de l'altitude avec tout son miel et toutes ses abeilles.

204

Ô vérité, infante mécanique, reste terre et murmure au milieu des astres impersonnels!

Le doute se trouve à l'origine de toute grandeur. L'injustice historique s'évertue à ne pas le mentionner. Ce doute-là est génie. Ne pas le rapprocher de l'incertain qui, lui, est provoqué par l'émiettement des pouvoirs de la sensation.

Toutes les feintes auxquelles les circonstances me contraignent allongent mon innocence. Une main gigantesque me porte sur sa paume. Chacune de ses lignes qualifie ma conduite. Et je demeure là comme une plante dans son sol bien que ma saison soit de nulle part.

Certains de mes actes se frayent une voie dans ma nature comme le train parcourt la campagne, suivant la même involonté, avec le même art qui fuit.

L'homme qui ne voit qu'une source ne connaît qu'un orage. Les chances en lui sont contrariées.

Mon inaptitude à *arranger* ma vie provient de ce que je suis fidèle non à un seul mais à tous les êtres avec lesquels je me découvre en parenté sérieuse. Cette constance persiste au sein des contradictions et des différends. L'humour veut que je conçoive, au cours d'une de ces interruptions de sentiment et de sens littéral, ces êtres ligués dans l'exercice de ma suppression.

Ton audace, une verrue. Ton action, une image spécieuse, par faveur coloriée.

(J'ai toujours présent en mémoire le propos niais de ce charbonnier de Saumanes qui affirmait que la Révolution française avait purgé la contrée d'un seigneur parfaitement criminel : un certain Sade. Un de ses exploits avait consisté à égorger les trois filles de son fermier. La culotte du Marquis était tendue avant que la première beauté n'eût expiré...

L'idiot n'en put démordre, l'avarice montagnarde ne voulant évidemment rien céder.)

Les justiciers s'estompent. Voici les cupides tournant le dos aux bruyères aérées.

Enfonce-toi dans l'inconnu qui creuse. Oblige-toi à tournoyer.

J'ai, ce matin, suivi des yeux Florence qui retournait au Moulin du Calavon. Le sentier volait autour d'elle : un parterre de souris se chamaillant ! Le dos chaste et les longues jambes n'arrivaient pas à se rapetisser dans mon regard. La gorge de jujube s'attardait au bord de mes dents. Jusqu'à ce que la verdure, à un tournant, me le dérobât, je repassai, m'émouvant à chaque note, son admirable corps musicien, inconnu du mien.

Je n'ai pas vu d'étoile s'allumer au front de ceux qui allaient mourir mais le dessin d'une persienne qui, soulevée, permettait d'entrevoir un ordre d'objets déchirants ou résignés, dans un vaste local où des servantes heureuses circulaient.

Têtes aux sèves poisseuses survenues, on ne sait trop pourquoi, dans notre hiver et figées là, depuis.

Un futur souillé s'inscrit dans leurs lignes. Tel ce Dubois que sa graisse spartiate de mouchard entérine et perpétue. Justes du ciel et balle perdue, accordez-lui les palmes de votre humour...

216

Il n'est plus question que le berger soit guide. Ainsi en décide le politique, ce nouveau fermier général.

217

Olivier le Noir m'a demandé une bassine d'eau pour nettoyer son revolver. Je suggérai la graisse d'arme. Mais c'est bien l'eau qui convenait. Le sang sur les parois de la cuvette demeurait hors de portée de mon imagination. A quoi eût servi de se représenter la silhouette honteuse, effondrée, le canon dans l'oreille, dans son enroulement gluant? Un justicier rentrait, son labeur accompli, comme un qui, ayant bien rompu sa terre, décrotterait sa bêche avant de sourire à la flambée de sarments.

218

Dans ton corps conscient, la réalité est en avance de quelques minutes d'imagination. Ce temps jamais rattrapé est un gouffre étranger aux actes de ce monde. Il n'est jamais une ombre simple malgré son odeur de clémence nocturne, de survie religieuse, d'enfance incorruptible.

219

Brusquement tu te souviens que tu as un visage. Les traits qui en formaient le modelé n'étaient pas tous des traits chagrins, jadis. Vers ce multiple paysage se levaient des êtres doués de bonté. La fatigue n'y charmait pas que des naufrages. La solitude des amants y respirait. Regarde. Ton miroir s'est changé en feu. Insensiblement tu reprends conscience de ton âge (qui avait sauté du calendrier), de ce surcroît d'existence dont tes efforts vont faire un pont. Recule à l'intérieur du miroir. Si tu n'en consumes pas l'austérité du moins la fertilité n'en est pas tarie.

220

Je redoute l'échauffement tout autant que la chlorose des années qui suivront la guerre. Je pressens que l'unanimité confortable, la boulimie de justice n'auront qu'une durée éphémère, aussitôt retiré le lien qui nouait notre combat. Ici, on se prépare à revendiquer l'abstrait, là on refoule en aveugle tout ce qui est susceptible d'atténuer la cruauté de la condition humaine de ce siècle et lui permettre d'accéder à l'avenir, d'un pas confiant. Le mal partout déjà est en lutte avec son remède. Les fantômes multiplient les conseils, les visites, des fantômes dont l'âme empirique est un amas de glaires et de névroses. Cette pluie qui pénètre l'homme jusqu'à l'os c'est l'espérance d'agression, l'écoute du mépris. On se précipitera dans l'oubli. On renoncera à mettre au rebut, à retrancher et à guérir. On supposera que les morts inhumés ont des noix dans leurs poches et que l'arbre un jour fortuitement surgira.

Ô vie, donne, s'il est temps encore, aux vivants un peu de ton bon sens subtil sans la vanité qui abuse, et par-dessus tout, peut-être, donne-leur la certitude que tu n'es pas aussi accidentelle et privée de remords qu'on le dit. Ce n'est pas la flèche qui est hideuse, c'est le croc.

221

La carte du soir

Une fois de plus l'an nouveau mélange nos yeux
De hautes herbes veillent qui n'ont d'amour qu'avec
    le feu et la prison mordue
Après seront les cendres du vainqueur
Et le conte du mal
Seront les cendres de l'amour
L'églantier au glas survivant
Seront tes cendres
Celles imaginaires de ta vie immobile sur son cône
    d'ombre.

222

Ma renarde, pose ta tête sur mes genoux. Je ne suis pas heureux et pourtant tu suffis. Bougeoir ou météore, il n'est plus de cœur gros ni d'avenir sur terre. Les marches du crépuscule révèlent ton murmure, gîte de menthe et de romarin, confidence échangée entre les rousseurs de l'automne et ta robe légère. Tu es l'âme de la montagne aux flancs profonds, aux roches tues derrière des lèvres d'argile. Que les ailes de ton nez frémissent. Que ta main ferme le sentier et rapproche le rideau des arbres. Ma renarde, en présence des deux astres, le gel et le vent, je place en toi toutes les espérances éboulées, pour un chardon victorieux de la rapace solitude.

223

Vie qui ne peut ni ne veut plier sa voile, vie que les vents ramènent fourbue à la glu du rivage, toujours prête cependant à s'élancer par-dessus l'hébétude, vie de moins en moins *garnie,* de moins en moins patiente, désigne-moi ma part si tant est qu'elle existe, ma part justifiée dans le destin commun au centre duquel ma singularité fait tache mais retient l'amalgame.

224

Autrefois au moment de me mettre au lit, l'idée d'une mort temporaire au sein du sommeil me rassérénait, aujourd'hui je m'endors pour vivre quelques heures.

L'enfant ne voit pas l'homme sous un jour sûr mais sous un jour simplifié. Là est le secret de leur inséparabilité.

Un jugement qui engage ne fortifie pas toujours.

L'homme est capable de faire ce qu'il est incapable d'imaginer. Sa tête sillonne la galaxie de l'absurde.

Pour qui œuvrent les martyrs? La grandeur réside dans le départ qui oblige. Les êtres exemplaires sont de vapeur et de vent.

La couleur noire renferme l'*impossible* vivant. Son champ mental est le siège de tous les inattendus, de tous les paroxysmes. Son prestige escorte les poètes et prépare les hommes d'action.

Toute la vertu du ciel d'août, de notre angoisse confidente, dans la voix d'or du météore.

Peu de jours avant son supplice, Roger Chaudon me disait : « Sur cette terre, on est un peu dessus, beaucoup dessous. L'ordre des époques ne peut être inversé. C'est, au fond, ce qui me tranquillise, malgré la joie de vivre qui me secoue comme un tonnerre... »

L'exceptionnel ne grise ni n'apitoie son meur-trier. Celui-là, hélas! a les yeux qu'il faut pour tuer.

Considère sans en être affecté que ce que le mal pique le plus volontiers ce sont les cibles non averties dont il a pu s'approcher à loisir. Ce que tu as appris des hommes — leurs revirements incohérents, leurs humeurs inguérissables, leur goût du fracas, leur subjectivité d'arlequin — doit t'inciter, une fois l'action consommée, à ne pas t'attarder trop sur les lieux de vos rapports.

234

Paupières aux portes d'un bonheur fluide comme
la chair d'un coquillage, paupières que l'œil en
furie ne peut faire chavirer, paupières, combien
suffisantes!

235

L'angoisse, squelette et cœur, cité et forêt,
ordure et magie, intègre désert, illusoirement vaincue,
victorieuse, muette, maîtresse de la parole, femme de
tout homme, ensemble, et Homme.

236

« Mon corps était plus immense que la terre
et je n'en connaissais qu'une toute petite parcelle.
J'accueille des promesses de félicité si innombrables,
du fond de mon âme, que je te supplie de garder
pour nous seuls ton nom. »

237

Dans nos ténèbres, il n'y a pas une place pour la
Beauté. Toute la place est pour la Beauté.

LA ROSE DE CHÊNE

Chacune des lettres qui compose ton nom, ô Beauté, au tableau d'honneur des supplices, épouse la plane simplicité du soleil, s'inscrit dans la phrase géante qui barre le ciel, et s'associe à l'homme acharné à tromper son destin avec son contraire indomptable : l'espérance.

Les loyaux adversaires

SUR LA NAPPE
D'UN ÉTANG GLACÉ

Je t'aime,
Hiver aux graines belliqueuses.
Maintenant ton image luit
Là où son cœur s'est penché.

CRAYON DU PRISONNIER

Un amour dont la bouche est un bouquet de brumes,
Éclôt et disparaît.
Un chasseur va le suivre, un guetteur l'apprendra,
Et ils se haïront tous deux, puis ils se maudiront tous
    trois.
Il gèle au dehors, la feuille passe à travers l'arbre.

UN OISEAU...

Un oiseau chante sur un fil
Cette vie simple, à fleur de terre.
Notre enfer s'en réjouit.

Puis le vent commence à souffrir
Et les étoiles s'en avisent.

Ô folles, de parcourir
Tant de fatalité profonde!

L'ORDRE LÉGITIME
EST QUELQUEFOIS INHUMAIN

Ceux qui partagent leurs souvenirs,
La solitude les reprend, aussitôt fait silence.
L'herbe qui les frôle éclôt de leur fidélité.

Que disais-tu? Tu me parlais d'un amour si lointain
Qu'il rejoignait ton enfance.
Tant de stratagèmes s'emploient dans la mémoire!

SUR LE VOLET D'UNE FENÊTRE

Visage, chaleur blanche,
Sœur passante, sœur disant,
Suave persévérance,
Visage, chaleur blanche.

CHAUME DES VOSGES

1939

Beauté, ma toute-droite, par des routes si ladres,
A l'étape des lampes et du courage clos,
Que je me glace et que tu sois ma femme de décembre.
Ma vie future, c'est ton visage quand tu dors.

LE THOR

Dans le sentier aux herbes engourdies où nous nous étonnions, enfants, que la nuit se risquât à passer, les guêpes n'allaient plus aux ronces et les oiseaux aux branches. L'air ouvrait aux hôtes de la matinée sa turbulente immensité. Ce n'étaient que filaments d'ailes, tentation de crier, voltige entre lumière et transparence. Le Thor s'exaltait sur la lyre de ses pierres. Le mont Ventoux, miroir des aigles, était en vue.

Dans le sentier aux herbes engourdies, la chimère d'un âge perdu souriait à nos jeunes larmes.

PÉNOMBRE

J'étais dans une de ces forêts où le soleil n'a pas accès mais où, la nuit, les étoiles pénètrent. Ce lieu n'avait le permis d'exister, que parce que l'inquisition des États l'avait négligé. Les servitudes abandonnées me marquaient leur mépris. La hantise de punir m'était retirée. Par endroit, le souvenir d'une force caressait la fugue paysanne de l'herbe. Je me gouvernais sans doctrine, avec une véhémence sereine. J'étais l'égal de choses dont le secret tenait sous le rayon d'une aile. Pour la plupart, l'essentiel n'est jamais né, et ceux qui le possèdent ne peuvent l'échanger sans se nuire. Nul ne consent à perdre ce qu'il a conquis à la pointe de sa peine! Autrement ce serait la jeunesse et la grâce, source et delta auraient la même pureté.

J'étais dans une de ces forêts où le soleil n'a pas accès mais où, la nuit, les étoiles pénètrent pour d'implacables hostilités.

CUR SECESSISTI?

Neige, caprice d'enfant, soleil qui n'as que l'hiver pour devenir un astre, au seuil de mon cachot de pierre, venez vous abriter. Sur les pentes d'Aulan, mes fils qui sont incendiaires, mes fils qu'on tue sans leur fermer les yeux, s'augmentent de votre puissance.

CETTE FUMÉE QUI NOUS PORTAIT...

Cette fumée qui nous portait était sœur du bâton qui dérange la pierre et du nuage qui ouvre le ciel. Elle n'avait pas mépris de nous, nous prenait tels que nous étions, minces ruisseaux nourris de désarroi et d'espérance, avec un verrou aux mâchoires et une montagne dans le regard.

LA PATIENCE

LE MOULIN

Un bruit long qui sort par le toit ;
Des hirondelles toujours blanches ;
Le grain qui saute, l'eau qui broie.
Et l'enclos où l'amour se risque,
Étincelle et marque le pas.

VAGABONDS

Vagabonds, sous vos doux haillons,
Deux étoiles rébarbatives
Croisent leurs jambes narratives,
Trinquent à la santé des prisons.

LE NOMBRE

Ils disent des mots qui leur restent au coin des yeux ;
Ils suivent une route où les maisons leur sont fermées ;

Ils allument parfois une lampe dont la clarté les met
   en pleurs;
Ils ne se sont jamais comptés, ils sont trop!
Ils sont l'équivalent des livres dont la clé fut perdue.

AUXILIAIRES

Ceux qu'il faut attacher sur terre
Pour satisfaire la beauté,
Familiers autant qu'inconnus,
A l'image de la tempête,
Qu'attendent-ils les uns des autres?
Un nuage soudain les chasse.
Il suffit qu'ils aient existé
Au même instant qu'une mouette.

REDONNEZ-LEUR...

Redonnez-leur ce qui n'est plus présent en eux,
Ils reverront le grain de la moisson s'enfermer dans
    l'épi et s'agiter sur l'herbe.
Apprenez-leur, de la chute à l'essor, les douze mois
    de leur visage,
Ils chériront le vide de leur cœur jusqu'au désir
    suivant;
Car rien ne fait naufrage ou ne se plaît aux cendres;
Et qui sait voir la terre aboutir à des fruits,
Point ne l'émeut l'échec quoiqu'il ait tout perdu.

DIS...

Dis ce que le feu hésite à dire
Soleil de l'air, clarté qui ose,
Et meurs de l'avoir dit pour tous.

Le poème pulvérisé

(1945-1947)

ARGUMENT

Comment vivre sans inconnu devant soi?

Les hommes d'aujourd'hui veulent que le poème soit à l'image de leur vie, faite de si peu d'égards, de si peu d'espace et brûlée d'intolérance.

Parce qu'il ne leur est plus loisible d'agir suprêmement, dans cette préoccupation fatale de se détruire par son semblable, parce que leur inerte richesse les freine et les enchaîne, les hommes d'aujourd'hui, l'instinct affaibli, perdent, tout en se gardant vivants, jusqu'à la poussière de leur nom.

Né de l'appel du devenir et de l'angoisse de la rétention, le poème, s'élevant de son puits de boue et d'étoiles, témoignera presque silencieusement, qu'il n'était rien en lui qui n'existât vraiment ailleurs, dans ce rebelle et solitaire monde des contradictions.

LES TROIS SŒURS

Mon amour à la robe de phare bleu,
je baise la fièvre de ton visage
où couche la lumière qui jouit en secret.

J'aime et je sanglote. Je suis vivant
et c'est ton cœur cette Étoile du Matin
à la durée victorieuse qui rougit avant
de rompre le combat des Constellations.

Hors de toi, que ma chair devienne la voile
qui répugne au vent.

I

Dans l'urne des temps secondaires
L'enfant à naître était de craie.
La marche fourchue des saisons
Abritait d'herbe l'inconnu.

La connaissance divisible
Pressait d'averses le printemps.

Un aromate de pays
Prolongeait la fleur apparue.

Communication qu'on outrage,
Écorce ou givre déposés;
L'air investit, le sang attise;
L'œil fait mystère du baiser.

Donnant vie à la route ouverte,
Le tourbillon vint aux genoux;
Et cet élan, le lit des larmes
S'en emplit d'un seul battement.

II

La seconde crie et s'évade
De l'abeille ambiante et du tilleul vermeil.
Elle est un jour de vent perpétuel,
Le dé bleu du combat, le guetteur qui sourit
Quand sa lyre profère : « Ce que je veux, sera. »

C'est l'heure de se taire
De devenir la tour
Que l'avenir convoite.

Le chasseur de soi fuit sa maison fragile :
Son gibier le suit n'ayant plus peur.

Leur clarté est si haute, leur santé si nouvelle,
Que ces deux qui s'en vont sans rien signifier
Ne sentent pas les sœurs les ramener à elles
D'un long bâillon de cendre aux forêts blanches.

III

Cet enfant sur ton épaule
Est ta chance et ton fardeau.
Terre en quoi l'orchidée brûle,
Ne le fatiguez pas de vous.

Restez fleur et frontière,
Restez manne et serpent;
Ce que la chimère accumule
Bientôt délaisse le refuge.

Meurent les yeux singuliers
Et la parole qui découvre.
La plaie qui rampe au miroir
Est maîtresse des deux bouges.

Violente l'épaule s'entr'ouvre;
Muet apparaît le volcan.
Terre sur quoi l'olivier brille,
Tout s'évanouit en passage.

BIENS ÉGAUX

Je suis épris de ce morceau tendre de campagne, de son accoudoir de solitude au bord duquel les orages viennent se dénouer avec docilité, au mât duquel un visage perdu, par instant s'éclaire et me regagne. De si loin que je me souvienne, je me distingue penché sur les végétaux du jardin désordonné de mon père, attentif aux sèves, baisant des yeux formes et couleurs que le vent semi-nocturne irriguait mieux que la main infirme des hommes. Prestige d'un retour qu'aucune fortune n'offusque. Tribunaux de midi, je veille. Moi qui jouis du privilège de sentir tout ensemble accablement et confiance, défection et courage, je n'ai retenu personne sinon l'angle fusant d'une Rencontre.

Sur une route de lavande et de vin, nous avons marché côte à côte dans un cadre enfantin de poussière à gosier de ronces, l'un se sachant aimé de l'autre. Ce n'est pas un homme à tête de fable que plus tard tu baisais derrière les brumes de ton lit constant. Te voici nue et entre toutes la meilleure seulement aujourd'hui où tu franchis la sortie d'un hymne raboteux. L'espace pour toujours est-il cet absolu et scintillant congé, chétive volte-face? Mais prédisant cela j'affirme que tu vis; le sillon s'éclaire entre ton bien et mon mal. La chaleur reviendra avec le silence comme je te soulèverai, Inanimée.

DONNERBACH MUHLE

Hiver 1939

Novembre de brumes, entends sous le bois la cloche du dernier sentier franchir le soir et disparaître,

le vœu lointain du vent séparer le retour dans les fers de l'absence qui passe.

Saisons d'animaux pacifiques, de filles sans méchanceté, vous détenez des pouvoirs que mon pouvoir contredit; vous avez les yeux de mon nom, ce nom qu'on me demande d'oublier.

Glas d'un monde trop aimé, j'entends les monstres qui piétinent sur une terre sans sourire. Ma sœur vermeille est en sueur. Ma sœur furieuse appelle aux armes.

La lune du lac prend pied sur la plage où le doux feu végétal de l'été descend à la vague qui l'entraîne vers un lit de profondes cendres.

Tracée par le canon,
— vivre, limite immense —
la maison dans la forêt s'est allumée :
Tonnerre, ruisseau, moulin.

HYMNE A VOIX BASSE

L'Hellade, c'est le rivage déployé d'une mer géniale d'où s'élancèrent à l'aurore le souffle de la connaissance et le magnétisme de l'intelligence, gonflant d'égale fertilité des pouvoirs qui semblèrent perpétuels; c'est plus loin, une mappemonde d'étranges montagnes : une chaîne de volcans sourit à la magie des héros, à la tendresse serpentine des déesses, guide le vol nuptial de l'homme, libre enfin de se savoir et de périr oiseau; c'est la réponse à tout, même à l'usure de la naissance, même aux détours du labyrinthe. Mais ce sol massif fait du diamant de la lumière et de la neige, cette terre imputrescible sous les pieds de son peuple victorieux de la mort mais mortel par évidence de pureté, une raison étrangère tente de châtier sa perfection, croit couvrir le balbutiement de ses épis.

O Grèce, miroir et corps trois fois martyrs, t'imaginer c'est te rétablir. Tes guérisseurs sont dans ton peuple et ta santé est dans ton droit. Ton sang incalculable, je l'appelle, le seul vivant pour qui la liberté a cessé d'être maladive, qui me brise la bouche, lui du silence et moi du cri.

J'HABITE UNE DOULEUR

Ne laisse pas le soin de gouverner ton cœur à ces tendresses parentes de l'automne auquel elles empruntent sa placide allure et son affable agonie. L'œil est précoce à se plisser. La souffrance connaît peu de mots. Préfère te coucher sans fardeau : tu rêveras du lendemain et ton lit te sera léger. Tu rêveras que ta maison n'a plus de vitres. Tu es impatient de t'unir au vent, au vent qui parcourt une année en une nuit. D'autres chanteront l'incorporation mélodieuse, les chairs qui ne personnifient plus que la sorcellerie du sablier. Tu condamneras la gratitude qui se répète. Plus tard, on t'identifiera à quelque géant désagrégé, seigneur de l'impossible.

Pourtant.

Tu n'as fait qu'augmenter le poids de ta nuit. Tu es retourné à la pêche aux murailles, à la canicule sans été. Tu es furieux contre ton amour au centre d'une entente qui s'affole. Songe à la maison parfaite que tu ne verras jamais monter. A quand la récolte de l'abîme ? Mais tu as crevé les yeux du lion. Tu crois voir passer la beauté au-dessus des lavandes noires...

Qu'est-ce qui t'a hissé, une fois encore, un peu plus haut, sans te convaincre?

Il n'y a pas de siège pur.

LE MUGUET

J'ai sauvegardé la fortune du couple. Je l'ai suivi dans son obscure loyauté. La vieillesse du torrent m'avait lu sa page de gratitude. Un jeune orage s'annonçait. La lumière de la terre me frôlait. Et pendant que se retraçait sur la vitre l'enfance du justicier (la clémence était morte), à bout de patience je sanglotais.

SEUIL

Quand s'ébranla le barrage de l'homme, aspiré par la faille géante de l'abandon du divin, des mots dans le lointain, des mots qui ne voulaient pas se perdre, tentèrent de résister à l'exorbitante poussée. Là se décida la dynastie de leur sens.

J'ai couru jusqu'à l'issue de cette nuit diluvienne. Planté dans le flageolant petit jour, ma ceinture pleine de saisons, je vous attends, ô mes amis qui allez venir. Déjà je vous devine derrière la noirceur de l'horizon. Mon âtre ne tarit pas de vœux pour vos maisons. Et mon bâton de cyprès rit de tout son cœur pour vous.

L'EXTRAVAGANT

Il ne déplaçait pas d'ombre en avançant, traduisant une audace tôt consumée, bien que son pas fût assez vulgaire. Ceux qui, aux premières heures de la nuit, ratent leur lit et le perdent ensuite de vue jusqu'au lendemain, peuvent être tentés par les similitudes. Ils cherchent à s'extraire de quelques pierres trop sages, trop chaudes, veulent se délivrer de l'emprise des cristaux à prétention fabuleuse, que la morne démarche du quotidien sécrète, aux lieux de son choix, avec des attouchements de suaire. Tel n'était pas ce marcheur que le voile du paysage lunaire, très bas, semblait ne pas gêner dans son mouvement. Le gel furieux effleurait la surface de son front sans paraître *personnel*. Une route qui s'allonge, un sentier qui dévie sont conformes à l'élan de la pensée qui fredonne. Par la nuit d'hiver fantastiquement propre parce qu'elle était commune à la généralité des habitants de l'univers qui ne la pénétraient pas, le dernier comédien n'allait plus exister. Il avait perdu tout lien avec le volume ancien des sources propices aux interrogations, avec les corps heureux qu'il s'était plu à animer auprès du sien lorsqu'il pouvait encore assigner une cime à son plaisir, une neige à son talent. Aujourd'hui il rompait avec la tristesse devenue un objet aguerri, avec la frayeur du convenu. La terre avait faussé sa persuasion, la terre, de sa vitesse un peu courte, avec son imagination safranée, son usure crevassée par les actes des monstres. Personne n'aurait à l'oublier car l'utile ne l'avait pas assisté, ne l'avait pas dessiné en entier au regard des autres. Sur le plafond de chaux blanche de sa chambre, quelques oiseaux étaient passés mais leur éclair avait fondu dans son sommeil.

Le voile du paysage lunaire maintenant très haut déploie ses couleurs aromatiques au-dessus du personnage que je dis. Il sort éclairé du froid et tourne à jamais le dos au printemps qui n'existe pas.

PULVÉRIN

La nouvelle sincérité se débat dans la pourpre de la naissance. Diane est transfigurée. Partout où l'arche du soleil développe sa course, partout essaime le nouveau mal tolérant. Le bonheur est modifié. En aval sont les sources. Tout au-dessus chante la bouche des amants.

AFFRES, DÉTONATION, SILENCE

Le Moulin du Calavon. Deux années durant, une ferme de cigales, un château de martinets. Ici tout parlait torrent, tantôt par le rire, tantôt par les poings de la jeunesse. Aujourd'hui, le vieux réfractaire faiblit au milieu de ses pierres, la plupart mortes de gel, de solitude et de chaleur. A leur tour les présages se sont assoupis dans le silence des fleurs.

Roger Bernard : l'horizon des monstres était trop proche de sa terre.

Ne cherchez pas dans la montagne; mais si, à quelques kilomètres de là, dans les gorges d'Oppedette, vous rencontrez la foudre au visage d'écolier, allez à elle, oh, allez à elle et souriez-lui car elle doit avoir faim, faim d'amitié.

JACQUEMARD ET JULIA

Jadis l'herbe, à l'heure où les routes de la terre s'accordaient dans leur déclin, élevait tendrement ses tiges et allumait ses clartés. Les cavaliers du jour naissaient au regard de leur amour et les châteaux de leurs bien-aimées comptaient autant de fenêtres que l'abîme porte d'orages légers.

Jadis l'herbe connaissait mille devises qui ne se contrariaient pas. Elle était la providence des visages baignés de larmes. Elle incantait les animaux, donnait asile à l'erreur. Son étendue était comparable au ciel qui a vaincu la peur du temps et allégi la douleur.

Jadis l'herbe était bonne aux fous et hostile au bourreau. Elle convolait avec le seuil de toujours. Les jeux qu'elle inventait avaient des ailes à leur sourire (jeux absous et également fugitifs). Elle n'était dure pour aucun de ceux qui perdant leur chemin souhaitent le perdre à jamais.

Jadis l'herbe avait établi que la nuit vaut moins que son pouvoir, que les sources ne compliquent pas à plaisir leur parcours, que la graine qui s'agenouille est déjà à demi dans le bec de l'oiseau. Jadis, terre et ciel se haïssaient mais terre et ciel vivaient.

L'inextinguible sécheresse s'écoule. L'homme est un étranger pour l'aurore. Cependant à la poursuite de la vie qui ne peut être encore imaginée, il y a des volontés qui frémissent, des murmures qui vont s'affronter et des enfants sains et saufs qui *découvrent*.

LE BULLETIN DES BAUX

Ta dictée n'a ni avènement ni fin. Souchetée seulement d'absences, de volets arrachés, de pures inactions.

Juxtapose à la fatalité la résistance à la fatalité. Tu connaîtras d'étranges hauteurs.

La beauté naît du dialogue, de la rupture du silence et du regain de ce silence. Cette pierre qui t'appelle dans son passé est libre. Cela se lit aux lignes de sa bouche.

La durée que ton cœur réclame existe ici en dehors de toi.

Oui et non, heure après heure, se réconcilient dans la superstition de l'histoire. La nuit et la chaleur, le ciel et la verdure se rendent invisibles pour être mieux sentis.

Les ruines douées d'avenir, les ruines incohérentes avant que tu n'arrives, homme comblé, vont de leurs parcelles à ton amour. Ainsi se voit promise et retirée à ton irritable maladresse la rose qui ferme le royaume.

La graduelle présence du soleil désaltère la tragédie. Ah! n'appréhende pas de renverser ta jeunesse.

LE REQUIN ET LA MOUETTE

Je vois enfin la mer dans sa triple harmonie, la mer qui tranche de son croissant la dynastie des douleurs absurdes, la grande volière sauvage, la mer crédule comme un liseron.

Quand je dis : *j'ai levé la loi, j'ai franchi la morale, j'ai maillé le cœur*, ce n'est pas pour me donner raison devant ce pèse-néant dont la rumeur étend sa palme au delà de ma persuasion. Mais rien de ce qui m'a vu vivre et agir jusqu'ici n'est témoin alentour. Mon épaule peut bien sommeiller, ma jeunesse accourir. C'est de cela seul qu'il faut tirer richesse immédiate et opérante. Ainsi, il y a un jour de pur dans l'année, un jour qui creuse sa galerie merveilleuse dans l'écume de la mer, un jour qui monte aux yeux pour couronner midi. Hier la noblesse était déserte, le rameau était distant de ses bourgeons. Le requin et la mouette ne communiquaient pas.

O Vous, arc-en-ciel de ce rivage polisseur, approchez le navire de son espérance. Faites que toute fin supposée soit une neuve innocence, un fiévreux en-avant pour ceux qui trébuchent dans la matinale lourdeur.

MARTHE

Marthe que ces vieux murs ne peuvent pas s'approprier, fontaine où se mire ma monarchie solitaire, comment pourrais-je jamais vous oublier puisque je n'ai pas à me souvenir de vous : vous êtes le présent qui s'accumule. Nous nous unirons sans avoir à nous aborder, à nous prévoir comme deux pavots font en amour une anémone géante.

Je n'entrerai pas dans votre cœur pour limiter sa mémoire. Je ne retiendrai pas votre bouche pour l'empêcher de s'entr'ouvrir sur le bleu de l'air et la soif de partir. Je veux être pour vous la liberté et le vent de la vie qui passe le seuil de toujours avant que la nuit ne devienne introuvable.

SUZERAIN

Nous commençons toujours notre vie sur un crépuscule admirable. Tout ce qui nous aidera, plus tard, à nous dégager de nos déconvenues s'assemble autour de nos premiers pas.

La conduite des hommes de mon enfance avait l'apparence d'un sourire du ciel adressé à la charité terrestre. On y saluait le mal comme une incartade du soir. Le passage d'un météore attendrissait. Je me rends compte que l'enfant que je fus, prompt à s'éprendre comme à se blesser, a eu beaucoup de chance. J'ai marché sur le miroir d'un rivière pleine d'anneaux de couleuvre et de danses de papillons. J'ai joué dans des vergers dont la robuste vieillesse donnait des fruits. Je me suis tapi dans des roseaux, sous la garde d'êtres forts comme des chênes et sensibles comme des oiseaux.

Ce monde net est mort sans laisser de charnier. Il n'est plus resté que souches calcinées, surfaces errantes, informe pugilat et l'eau bleue d'un puits minuscule veillée par cet Ami silencieux.

La connaissance eut tôt fait de grandir entre nous. *Ceci n'est plus*, avais-je coutume de dire. *Ceci n'est pas*, corrigeait-il. *Pas* et *plus* étaient disjoints. Il m'offrait, à la gueule d'un serpent qui souriait, mon impossible que je pénétrais sans souffrir. D'où venait cet Ami? Sans doute, du moins sombre, du moins ouvrier des soleils. Son énergie que je jugeais grande éclatait en fougères patientes, humidité pour mon espoir. Ce dernier, en vérité, n'était qu'une neige de l'existence, l'affinité du renouveau. Un butin s'amoncelait, dessinant le littoral cruel que j'aurais un jour à parcourir. Le cœur de mon Ami m'entrait dans le cœur comme un trident, cœur souverain égaillé dans des conquêtes bientôt réduites en cendres, pour marquer combien la tentation se déprime chez qui s'établit, se rend. Nos confidences ne construiraient pas d'église; le mutisme reconduisait tous nos pouvoirs.

Il m'apprit à voler au-dessus de la nuit des mots, loin de l'hébétude des navires à l'ancre. Ce n'est pas le glacier qui nous importe mais ce qui le fait possible indéfiniment, sa solitaire vraisemblance. Je nouai avec des haines enthousiastes que j'aidai à vaincre puis quittai. (Il suffit de fermer les yeux pour ne plus être reconnu.) Je retirai aux choses l'illusion qu'elles produisent pour se préserver de nous et leur laissai la part qu'elles nous concèdent. Je vis qu'il n'y aurait jamais de femme pour moi dans MA ville. La frénésie des cascades, symboliquement, acquitterait mon bon vouloir.

J'ai remonté ainsi l'âge de la solitude jusqu'à la demeure suivante de L'HOMME VIOLET. Mais il ne disposait là que du morose état civil de ses prisons, de son expérience muette de persécuté, et nous n'avions, nous, que son signalement d'évadé.

A LA SANTÉ DU SERPENT

I

Je chante la chaleur à visage de nouveau-né, la chaleur désespérée.

II

Au tour du pain de rompre l'homme, d'être la beauté du point du jour.

III

Celui qui se fie au tournesol ne méditera pas dans la maison. Toutes les pensées de l'amour deviendront ses pensées.

IV

Dans la boucle de l'hirondelle un orage s'informe, un jardin se construit.

V

Il y aura toujours une goutte d'eau pour durer plus que le soleil sans que l'ascendant du soleil soit ébranlé.

VI

Produis ce que la connaissance veut garder secret, la connaissance aux cent passages.

VII

Ce qui vient au monde pour ne rien troubler ne mérite ni égards ni patience.

VIII

Combien durera ce manque de l'homme mourant au centre de la création parce que la création l'a congédié ?

IX

Chaque maison était une saison. La ville ainsi se répétait. Tous les habitants ensemble ne connaissaient que l'hiver, malgré leur chair réchauffée, malgré le jour qui ne s'en allait pas.

X

Tu es dans ton essence constamment poète, constamment au zénith de ton amour, constamment avide de vérité et de justice. C'est sans doute un mal nécessaire que tu ne puisses l'être assidûment dans ta conscience.

XI

Tu feras de l'âme qui n'existe pas un homme meilleur qu'elle.

XII

Regarde l'image téméraire où se baigne ton pays, ce plaisir qui t'a longtemps fui.

XIII

Nombreux sont ceux qui attendent que l'écueil les soulève, que le but les franchisse, pour se définir.

XIV

Remercie celui qui ne prend pas souci de ton remords. Tu es son égal.

Les larmes méprisent leur confident.

Il reste une profondeur mesurable là où le sable subjugue la destinée.

Mon amour, peu importe que je sois né : tu deviens visible à la place où je disparais.

Pouvoir marcher, sans tromper l'oiseau, du cœur de l'arbre à l'extase du fruit.

Ce qui t'accueille à travers le plaisir n'est que la gratitude mercenaire du souvenir. La présence que tu as choisie ne délivre pas d'adieu.

XX

Ne te courbe que pour aimer. Si tu meurs, tu aimes encore.

XXI

Les ténèbres que tu t'infuses sont régies par la luxure de ton ascendant solaire.

XXII

Néglige ceux aux yeux de qui l'homme passe pour n'être qu'une étape de la couleur sur le dos tourmenté de la terre. Qu'ils dévident leur longue remontrance. L'encre du tisonnier et la rougeur du nuage ne font qu'un.

XXIII

Il n'est pas digne du poète de mystifier l'agneau, d'investir sa laine.

XXIV

Si nous habitons un éclair, il est le cœur de l'éternel.

XXV

Yeux qui, croyant inventer le jour, avez éveillé le vent, que puis-je pour vous? Je suis l'oubli.

XXVI

La poésie est de toutes les eaux claires celle qui s'attarde le moins aux reflets de ses ponts.

Poésie, la vie future à l'intérieur de l'homme requalifié.

XXVII

Une rose pour qu'il pleuve. Au terme d'innombrables années, c'est ton souhait.

L'AGE DE ROSEAU

Monde las de mes mystères, dans la chambre d'un visage, ma nuit est-elle prévue?

Cette terre pour navire, dominée par le cancer, démembrée par la torture, cette offense va céder.

Monde enfant des genoux d'homme, chapelet de cicatrices, aigrelette buissonnée, avec tant d'êtres probables, je n'ai pas été capable de faire ce monde impossible. Que puis-je réclamer!

CHANSON DU VELOURS A CÔTES

Le jour disait : « Tout ce qui peine m'accompagne, s'attache à moi, se veut heureux. Témoins de ma comédie, retenez mon pied joyeux. J'appréhende midi et sa flèche méritée. Il n'est de grâce à quérir pour prévaloir à ses yeux. Si ma disparition sonne votre élargissement, les eaux froides de l'été ne me recevront que mieux. »

La nuit disait : « Ceux qui m'offensent meurent jeunes. Comment ne pas les aimer ? Prairie de tous mes instants, ils ne peuvent me fouler. Leur voyage est mon voyage et je reste obscurité. »

Il était entre les deux un mal qui les déchirait. Le vent allait de l'un à l'autre ; le vent ou rien, les pans de la rude étoffe et l'avalanche des montagnes, ou rien.

LE MÉTÉORE DU 13 AOÛT

[LE MÉTÉORE DU 13 AOÛT]

A la seconde où tu m'apparus, mon cœur eut tout le ciel pour l'éclairer. Il fut midi à mon poème. Je sus que l'angoisse dormait.

[NOVAE]

Premier rayon qui hésite entre l'imprécation du supplice et le magnifique amour.

L'optimisme des philosophies ne nous est plus suffisant.

La lumière du rocher abrite un arbre majeur. Nous nous avançons vers sa visibilité.

Toujours plus larges fiançailles des regards. La tragédie qui s'élabore jouira même de nos limites.

Le danger nous ôtait toute mélancolie. Nous parlions sans nous regarder. Le temps nous tenait unis. La mort nous évitait.

Alouettes de la nuit, étoiles, qui tournoyez aux sources de l'abandon, soyez progrès aux fronts qui dorment.

J'ai sauté de mon lit bordé d'aubépines. Pieds nus, je parle aux enfants.

[LA LUNE CHANGE DE JARDIN]

Où vais-je égarer cette fortune d'excréments qui m'escorte comme une lampe?

Hymnes provisoires! hymnes contredits!

Folles, et, à la nuit, lumières obéissantes.

Orageuse liberté dans les langes de la foudre, sur la souveraineté du vide, aux petites mains de l'homme.

Ne t'étourdis pas de lendemains. Tu regardes l'hiver qui enjambe les plaies et ronge les fenêtres, et, sur le porche de la mort, l'inscrutable torture.

Ceux qui dorment dans la laine, ceux qui courent dans le froid, ceux qui offrent leur médiation, ceux qui ne sont pas ravisseurs faute de mieux, s'accordent avec le météore, ennemi du coq.

Illusoirement, je suis à la fois dans mon âme et hors d'elle, loin devant la vitre et contre la vitre, saxifrage éclaté. Ma convoitise est infinie. Rien ne m'obsède que la vie.

Étincelle nomade qui meurt dans son incendie.

Aime riveraine. Dépense ta vérité. L'herbe qui cache l'or de ton amour ne connaîtra jamais le gel.

Sur cette terre des périls, je m'émerveille de l'idolâtrie de la vie.

Que ma présence qui vous cause énigmatique malaise, haine sans rémission, soit météore dans votre âme.

Un chant d'oiseau surprend la branche du matin.

LYRE

Lyre sans bornes des poussières,
Surcroît de notre cœur.

La fontaine narrative

(1947)

FASTES

L'été chantait sur son roc préféré quand tu m'es apparue, l'été chantait à l'écart de nous qui étions silence, sympathie, liberté triste, mer plus encore que la mer dont la longue pelle bleue s'amusait à nos pieds.

L'été chantait et ton cœur nageait loin de lui. Je baisais ton courage, entendais ton désarroi. Route par l'absolu des vagues vers ces hauts pics d'écume où croisent des vertus meurtrières pour les mains qui portent nos maisons. Nous n'étions pas crédules. Nous étions entourés.

Les ans passèrent. Les orages moururent. Le monde s'en alla. J'avais mal de sentir que ton cœur justement ne m'apercevait plus. Je t'aimais. En mon absence de visage et mon vide de bonheur. Je t'aimais, changeant en tout, fidèle à toi.

LA SORGUE

Chanson pour Yvonne

Rivière trop tôt partie, d'une traite, sans compagnon,
Donne aux enfants de mon pays le visage de ta passion.
Rivière où l'éclair finit et où commence ma maison,
Qui roule aux marches d'oubli la rocaille de ma
    raison.

Rivière, en toi terre est frisson, soleil anxiété.
Que chaque pauvre dans sa nuit fasse son pain de
    ta moisson.

Rivière souvent punie, rivière à l'abandon.

Rivière des apprentis à la calleuse condition,
Il n'est vent qui ne fléchisse à la crête de tes sillons.

Rivière de l'âme vide, de la guenille et du soupçon,
Du vieux malheur qui se dévide, de l'ormeau, de la
    compassion.

Rivière des farfelus, des fiévreux, des équarrisseurs,
Du soleil lâchant sa charrue pour s'acoquiner au
    menteur.

Rivière des meilleurs que soi, rivière des brouillards
     éclos,
De la lampe qui désaltère l'angoisse autour de son
     chapeau.

Rivière des égards au songe, rivière qui rouille le fer,
Où les étoiles ont cette ombre qu'elles refusent à
     la mer.

Rivière des pouvoirs transmis et du cri embouquant
     les eaux,
De l'ouragan qui mord la vigne et annonce le vin
     nouveau.

Rivière au cœur jamais détruit dans ce monde fou
     de prison,
Garde-nous violent et ami des abeilles de l'horizon.

TU AS BIEN FAIT DE PARTIR,
ARTHUR RIMBAUD!

Tu as bien fait de partir, Arthur Rimbaud! Tes dix-huit ans réfractaires à l'amitié, à la malveillance, à la sottise des poètes de Paris ainsi qu'au ronronnement d'abeille stérile de ta famille ardennaise un peu folle, tu as bien fait de les éparpiller aux vents du large, de les jeter sous le couteau de leur précoce guillotine. Tu as eu raison d'abandonner le boulevard des paresseux, les estaminets des pisse-lyres, pour l'enfer des bêtes, pour le commerce des rusés et le bonjour des simples.

Cet élan absurde du corps et de l'âme, ce boulet de canon qui atteint sa cible en la faisant éclater, oui, c'est bien là la vie d'un homme! On ne peut pas, au sortir de l'enfance, indéfiniment étrangler son prochain. Si les volcans changent peu de place, leur lave parcourt le grand vide du monde et lui apporte des vertus qui chantent dans ses plaies.

Tu as bien fait de partir, Arthur Rimbaud! Nous sommes quelques-uns à croire sans preuve le bonheur possible avec toi.

LES PREMIERS INSTANTS

Nous regardions couler devant nous l'eau gran-
dissante. Elle effaçait d'un coup la montagne, se chas-
sant de ses flancs maternels. Ce n'était pas un torrent
qui s'offrait à son destin mais une bête ineffable dont
nous devenions la parole et la substance. Elle nous
tenait amoureux sur l'arc tout-puissant de son imagi-
nation. Quelle intervention eût pu nous contraindre?
La modicité quotidienne avait fui, le sang jeté était
rendu à sa chaleur. Adoptés par l'ouvert, poncés
jusqu'à l'invisible, nous étions une victoire qui ne
prendrait jamais fin.

LE MARTINET

Martinet aux ailes trop larges, qui vire et crie sa joie autour de la maison. Tel est le cœur.

Il dessèche le tonnerre. Il sème dans le ciel serein. S'il touche au sol, il se déchire.

Sa repartie est l'hirondelle. Il déteste la familière. Que vaut dentelle de la tour?

Sa pause est au creux le plus sombre. Nul n'est plus à l'étroit que lui.

L'été de la longue clarté, il filera dans les ténèbres, par les persiennes de minuit.

Il n'est pas d'yeux pour le tenir. Il crie, c'est toute sa présence. Un mince fusil va l'abattre. Tel est le cœur.

MADELEINE A LA VEILLEUSE

par Georges de La Tour

Je voudrais aujourd'hui que l'herbe fût blanche pour fouler l'évidence de vous voir souffrir : je ne regarderais pas sous votre main si jeune la forme dure, sans crépi de la mort. Un jour discrétionnaire, d'autres pourtant moins avides que moi, retireront votre chemise de toile, occuperont votre alcôve. Mais ils oublieront en partant de noyer la veilleuse et un peu d'huile se répandra par le poignard de la flamme sur l'impossible solution.

A UNE FERVEUR BELLIQUEUSE

Notre-Dame de Lumières qui restez seule sur votre rocher, brouillée avec votre église, favorable à ses insurgés, nous ne vous devons rien qu'un regard d'ici-bas.

Je vous ai quelquefois détestée. Vous n'étiez jamais nue. Votre bouche était sale. Mais je sais aujourd'hui que j'ai exagéré car ceux qui vous baisaient avaient souillé leur table.

Les passants que nous sommes n'ont jamais exigé que le repos leur vînt avant l'épuisement. Gardienne des efforts, vous n'êtes pas marquée, sinon du peu d'amour dont vous fûtes couverte.

Vous êtes le moment d'un mensonge éclairé, le gourdin encrassé, la lampe punissable. J'ai la tête assez chaude pour vous mettre en débris ou prendre votre main. Vous êtes sans défense.

Trop de coquins vous guettent et guettent votre effroi. Vous n'avez d'autre choix que la complicité.

Le sévère dégoût que de bâtir pour eux, de devoir en retour leur servir d'affidée!

J'ai rompu le silence puisque tous sont partis et que vous n'avez rien qu'un bois de pins pour vous. Ah! courez à la route, faites-vous des amis, cœur enfant devenez sous le nuage noir.

Le monde a tant marché depuis votre venue qu'il n'est plus qu'un pot d'os, qu'un vœu de cruauté. O Dame évanouie, servante de hasard, les lumières se rendent où l'affamé les voit.

(1943.)

ASSEZ CREUSÉ

Assez creusé, assez miné sa part prochaine. Le pire est dans chacun, en chasseur, dans son flanc. Vous qui n'êtes ici qu'une pelle que le temps soulève, retournez-vous sur ce que j'aime, qui sanglote à côté de moi, et fracassez-nous, je vous prie, que je meure une bonne fois.

ALLÉGEANCE

Dans les rues de la ville il y a mon amour. Peu importe où il va dans le temps divisé. Il n'est plus mon amour, chacun peut lui parler. Il ne se souvient plus ; qui au juste l'aima ?

Il cherche son pareil dans le vœu des regards. L'espace qu'il parcourt est ma fidélité. Il dessine l'espoir et léger l'éconduit. Il est prépondérant sans qu'il y prenne part.

Je vis au fond de lui comme une épave heureuse. A son insu, ma solitude est son trésor. Dans le grand méridien où s'inscrit son essor, ma liberté le creuse.

Dans les rues de la ville il y a mon amour. Peu importe où il va dans le temps divisé. Il n'est plus mon amour, chacun peut lui parler. Il ne se souvient plus ; qui au juste l'aima et l'éclaire de loin pour qu'il ne tombe pas ?

SEULS DEMEURENT

222

Ce volume,
le quinzième de la collection Poésie
a été achevé d'imprimer
le 13 septembre 1971
sur les presses de l'imprimerie Firmin-Didot

Imprimé en France
N° d'édition : 16039
Dépôt légal : 3ᵉ trimestre 1971. — 8215